Christel Dhom

Spiel mit mir – sprich mit mir

Christel Dhom

Spiel mit mir – sprich mit mir

*Spiele zur Sprachentwicklung
vom Kleinkind
bis zum Grundschulalter*

Verlag Freies Geistesleben

Christel Dhom, geboren 1960, ist ausgebildete Erzieherin, Waldorfkindergärtnerin und staatlich anerkannte Heilpädagogin. Lange Jahre war sie als Kindergärtnerin tätig, derzeit arbeitet sie als Förderlehrerin an der Freien Waldorfschule Westpfalz. Darüber hinaus leitet sie seit vielen Jahren Märchenwolle-Kurse und Mutter-Kind-Kurse.

1. Auflage 2002

Verlag Freies Geistesleben
Landhausstr. 82, 70190 Stuttgart
Internet: www.geistesleben.com

ISBN 3-7725-2214-9

© 2002 Verlag Freies Geistesleben
& Urachhaus GmbH, Stuttgart

Sämtliche Anleitungen und Texte dieses Buches sind urheberrechtlich geschützt und dürfen nur nach vorheriger Genehmigung reproduziert oder zu kommerziellen Zwecken verwendet werden. Auch das Recht der Vertonung der Texte bleibt vorbehalten.
Illustrationen: Barbara Bayer-Stichler
Notensatz: Master Kitchen, Ludwigsburg
Einbandfoto: Heidi Velten, Leutkirch
Druck: Druckerei zu Altenburg, Altenburg

INHALT

Vorwort *von Rainer Patzlaff* 6
Einführung 8

Der Spracherwerb des Kindes 10

Die Sprachentwicklung 10
    Die Bedeutung der Sprache und des Sprechens 10
    Voraussetzungen für den Spracherwerb 10
    Der Entwicklungsverlauf für Sprache und Sprechen 11
Der Zusammenhang zwischen Hören und Sprechen 12
Der Zusammenhang zwischen Bewegung und Sprechen 13
Sprech- und Sprachstörungen 14
Mögliche Ursachen für Sprech- und Sprachstörungen 16
Vorbeugende und fördernde Maßnahmen 18

Spiele zur Sprachanregung 20

Berührungs- und Handstreichelspiele 20
Kniereiterspiele 22
Finger- und Handgestenspiele 24
Puppentheater und Puppenspiele mit Figuren aus Märchenwolle 32
    Gedanken zu Material und Herstellung der Spielfiguren 33
    Praktische Hinweise zum Puppenspiel 35

    Der Igel 40
    Schnecke und Häschen 42
    Das Schnecklein und der Fuchs 46
    Die gefräßige Katze 50
    Unter einem grünen Tännlein 58
    Vom schlafenden Apfel 64
    Die Sterntaler 68
    Im Jägerhaus 73
    Die Geschichte vom Fingerhütchen 78

Literatur 91

Quellenangaben 92

Bezugsquellen 93

Vorwort

von Rainer Patzlaff

Sprache scheint allgegenwärtig. Und doch – oder gerade deshalb – beachten wir sie kaum. Sie ist uns so unwichtig wie dem Trinker das Glas, aus dem er trinkt: Der Inhalt interessiert, nicht das Gefäß. Vielleicht liegt hier der Grund, warum die Öffentlichkeit noch kaum wahrgenommen hat, dass Sprache keineswegs mehr allgegenwärtig ist und Kinder keineswegs mehr selbstverständlich in sie hineinwachsen. Wo früher Unterhaltung und Gespräch, Geselligkeit und Familienleben die Freizeit füllten, beherrschen heute elektronische Unterhaltungsmaschinen das Feld. Wachsender beruflicher Stress, zerbrechende Partnerschaften, zunehmende Ängste vor der Zukunft tun ein Übriges, um die Menschen verstummen zu lassen. Kinder werden nur zu gerne vor den eigenen Fernsehapparat abgeschoben, wo ihre Sehzeit dann auf durchschnittlich drei bis vier Stunden täglich ansteigt, oder werden mit elektronischem Spielzeug ruhig gestellt. Fachleute weisen schon seit Jahren darauf hin, dass die Originalsprache, die an das Ohr kleiner Kinder gelangt, in zahllosen Familien nicht mehr über zehn bis zwölf Minuten am Tag hinausgeht.

Das aber hat dramatische Folgen. Denn Sprache ist keine Naturbegabung, die Kinder mit auf die Welt bringen; Sprache muss erlernt werden, und dazu bedarf es der Vorbilder. Die aus dem Lautsprecher dringende Sprache, so hat sich gezeigt, erfüllt diese Aufgabe nur höchst unzureichend; ohne Interaktion mit den Erwachsenen werden die grundlegenden Strukturen der Muttersprache von den Kindern nur rudimentär oder gar nicht erlernt. Daher ist es nicht verwunderlich, dass zugleich mit dem Verstummen des Familiengesprächs die Zahl der Sprachentwicklungsstörungen im Vorschulalter geradezu epidemische Ausmaße erreicht hat. Meist gehen diese Störungen mit weiteren Defiziten einher, besonders mit solchen im Bereich der sensorischen und motorischen Entwicklung, und das alles summiert sich zu Beeinträchtigungen, die sich für die gesamte schulische Laufbahn des Kindes verhängnisvoll auswirken, wenn ihnen nicht rechtzeitig therapeutisch begegnet wird.

Welch eine fundamentale Bedeutung Sprache für die Entwicklung des Kindes hat, kann uns die neueste Forschung lehren, die immer mehr entdeckt, wie eng die Sprache des Menschen mit seinem Bewegungsorganismus verbunden ist und wie sensibel daher der Spracherwerb des kleinen Kindes mit der Entfaltung der motorischen Fähigkeiten korreliert. Sprache ist mehr als nur ein Verständigungsmittel; sie beeinflusst den ganzen Menschen als ein bildendes und gestaltendes, tief in den Organismus eingreifendes Bewegungsgeschehen umfassender Art.

Mit solchen Erkenntnissen im Hintergrund sehen wir plötzlich uralte Volksweisheit mit neuen Augen: Die Kniereiterverse, die Wiegenlieder, die zahllosen Sprach- und Bewegungsspiele, die über Jahrhunderte mündlich weitergegeben wurden, sind heute in Vergessenheit geraten, erweisen sich aber in der Sprachkatastrophe unserer Zeit als ausgezeichnete pädagogische Mittel. Denn sie verbinden die Lautbildung der Sprachwerkzeuge mit dem Element der Gestik, des Tanzes und der Musik zu einem «Gesamtkunstwerk», das belebend und fördernd auf den heranwachsenden Organismus des Kindes wirkt. Aus dem Klang, aus den Rhythmen, aus den Bildern der Sprache werden die Bewegungsabläufe geschöpft, und das bedeutet: Bewegung des Leibes ist zugleich Bewegung der Seele – und umgekehrt: Was die Seele erlebt, das wird gestaltete Bewegung der Finger, der Hände, der Füße, des ganzen Körpers. Hier wird das «Gesamtkunstwerk Mensch» in Harmonie gebracht, leiblich, seelisch und geistig.

Für die gesunde Entwicklung des Kindes kann es nichts Besseres geben als solch eine Harmonisierung, und man braucht die kleinen Spiele nur einmal auszuprobieren, um zu erfahren, wie sehr die Kinder danach verlangen: Wieder und wieder wünschen sie die gleichen Verse und Reime mit den entsprechenden Bewegungen, und es dauert oft eine geraume Weile, bis sie davon «satt» sind. In der Tat: Es ist wie eine Ernährung, die hier stattfindet – Ernährung für die Sinne, Ernährung für die Seele, Ernährung für das Ich des Kindes, das seinen Leib zu ergreifen versucht, um ihn tauglich zu machen als Instrument, auf dem es eines Tages seine eigene, unverwechselbare Lebensmelodie spielen wird.

Die nährenden Schätze eines alten, instinktiven Wissens dem heutigen Bewusstsein wieder näher zu bringen ist das Anliegen der Autorin dieses Buches. Sie gibt genaue Anweisungen, von welchen Bewegungen die Verse und Reime begleitet sein sollten, und bietet damit so etwas wie ein Einführungsseminar für Eltern und Erzieher, die die Kunst der Sprachanregung erlernen wollen. Dabei bleibt es nicht bei altem Volksgut; auch Dichterinnen und Dichter unserer Zeit kommen zu Wort, denn Sprache entwickelt zu allen Zeiten belebende Kräfte, sofern sie wahrhaft künstlerisch gestaltet wird.

Schon die anfänglichsten Bemühungen um solche Spiele werden schnell belohnt durch die große Freude, die man Kindern damit bereitet, und nichts Schöneres kann dem Kind geschehen, als dass der Erwachsene sich durch diese Freude inspirieren lässt, über die ersten Kniereiterverse hinaus auch den weiteren Entwicklungsweg des Kindes mit fantasievoller künstlerischer Tätigkeit zu begleiten und zu fördern.

Mit welch einfachen Mitteln das möglich ist, demonstriert die Autorin im zweiten Teil des Buches, der komplette Spielanweisungen für verschiedene Märchenspiele enthält, Spiele, in denen Sprache sich nicht nur mit Bewegung verbindet, sondern auch mit Bildern und Klängen, mit Farben und Formen, Figuren und Puppen. Ganze Landschaften entstehen da aus wenigen Andeutungen vor der Fantasie des Kindes, strukturierte Handlungsabläufe werden erlebbar. Auge und Ohr der Kinder sind bei solchen Spielen gleichermaßen gefesselt, aber nicht von einer Bild- und Ton-Maschine, sondern von der lebendigen Anwesenheit eines Menschen, der seine ganze Liebe und Gestaltungskraft den Kindern schenkt, die vor ihm sitzen. Das ist nicht die nostalgische Wiederbelebung einer längst vergangenen Familienidylle, sondern eine eminent pädagogische, ja therapeutische Tätigkeit, die reiche Frucht trägt, indem sie Kinder durch die Aktivierung ihrer eigenen Kräfte befähigt, in der Welt von morgen zu bestehen.

Einführung

Kindheit und die damit verbundenen Entwicklungsmöglichkeiten haben sich in den letzten Jahrzehnten deutlich verändert. Die märchenerzählende Großmutter ist dem Kassettenrekorder oder dem CD-Player gewichen, die häufig in den Kinderzimmern zu finden sind. Anstelle von ausgedehnten Spaziergängen werden Naturereignisse durch den Fernseher vermittelt. Trotz dieser vermeintlich guten Sprachvorbilder gibt es zunehmend Kinder, deren Sprache und Sprechen nicht altersgemäß entwickelt sind. Immer wieder kann man in Fachzeitschriften von wissenschaftlichen Untersuchungen über Sprachdefizite bei Kindern lesen. So zum Beispiel hat Prof. Manfred Heinemann von der Klinik für Kommunikationsstörungen in Mainz festgestellt, dass ca. ein Viertel der Vorschulkinder sprachentwicklungsverzögert ist. Die Folgen davon reichen weit in die Sozial- und die Persönlichkeitsentwicklung eines Kindes hinein. Selbst seine geistige Entwicklung wird in Mitleidenschaft gezogen, wenn sich die Sprache nicht altersgemäß entfaltet.

Die Problematik macht deutlich, dass es für Eltern und Erzieher wichtig ist, ein Kind in seiner Sprachentwicklung zu unterstützen, um möglichen Störungen vorzubeugen oder diese frühzeitig zu erkennen.

Sobald ein kleines Kind frei auf dem Schoß eines Erwachsenen sitzen kann, wird es Freude an so genannten Handstreichel-, Berührungs- oder Kniereiterspielen finden. Kinder lieben Wiederholungen und den Rhythmus oder Sprachgesang eines Versleins. Immer wieder wollen sie es hören – «Noch mal!» rufen sie freudig. Bedenkt man, dass ein Wort etwa vierzigmal gehört werden muss, bis es in den aktiven Wortschatz aufgenommen wird, kann man nachvollziehen, dass solche Spiele ein wichtiger Beitrag zum Erwerb der Sprache sind.

Das etwas ältere Kleinkind, vielleicht ab zwei bis zweieinhalb Jahren, findet dann Gefallen an Fingerspielen mit einfachen Bewegungen. Damit können viele Wartezeiten beim Arzt oder auf einer Reise überbrückt und für das Kind sinnvoll gestaltet werden.

Für eine gesunde Entwicklung braucht ein Kind Liebe und Körperkontakt der Eltern. Es braucht aber auch Respekt und Achtung seiner Bezugspersonen, das heißt, Nähe darf ihm nicht aufgezwungen werden. Lehnt ein Kind zum Beispiel ein Handstreichelspiel im Moment oder grundsätzlich ab, müssen wir Erwachsenen dies akzeptieren, ohne persönlich gekränkt zu sein.

Im Kindergartenalter werden die Verse länger und anspruchsvoller. Die Konzentration des Kindes wird immer mehr gefordert. Allmählich können kleine Figuren zum Sprechen hinzu-

kommen, und so kann nach und nach ein Puppentheater aufgebaut werden. Ein solches Puppentheater ist übrigens eine gelungene Überraschung zum Kindergeburtstag für kleine und große Gäste.

Puppentheater bzw. Puppenspiele mit selbst gefertigten Figuren aus Märchenwolle (ungesponnene, pflanzengefärbte und fein kadierte Wolle) bieten eine Fülle von Möglichkeiten, um fördernd auf die Sprachentwicklung eines Kindes einzuwirken. Beim Herstellen und Führen der Wollpuppen werden Handgeschicklichkeit, Augen-Hand-Koordination, aber auch das Zusammenspiel von Bewegung und Sprache geübt. Das dabei entstandene Tasterlebnis bringt das Kind mit dem Objekt in Verbindung. Die gehörte Geschichte wird in bewegten, dreidimensionalen Bildern erfasst und trägt zur Begriffsbildung bei. Durch die Puppenspiele kann einerseits die Nachahmungskraft eines Kindes aktiviert und andererseits Raum für Sprache geschaffen werden, etwa durch das Erfinden und Spielen eigener Geschichten. Alle Figuren aus Märchenwolle sind so gestaltet, dass die kindliche Fantasie sie ganz individuell ergänzen kann. Selbstverständlich sind sie auch für andere Puppenspiele zu verwenden.

Das vorliegende Buch beinhaltet sowohl theoretische Grundlagen im Hinblick auf die sprachliche Entwicklung eines Kindes, Fingerspiele, Lieder, Anleitungen zum Herstellen von Märchenwollefiguren als auch Beschreibungen für den Aufbau und Ablauf eines Puppentheaters bzw. Puppenspiels. Als Ergänzung und zum besseren Verständnis sind dem Text zahlreiche Fotos und Zeichnungen beigefügt. Insbesondere Eltern und Erzieher, die die ersten Sprachvorbilder der Kinder sind, sollen durch dieses Buch Anregungen bekommen, um ihre Kinder beim Spracherwerb unterstützen zu können.

Der Spracherwerb des Kindes

Die Sprachentwicklung

Die Bedeutung der Sprache und des Sprechens

Unsere Sprache ist eine fundamentale Möglichkeit, mit anderen Menschen in Kontakt zu treten. Mithilfe von unterschiedlichen Lauten werden beim Sprechen Gedanken, Gefühle und unser Wille zum Ausdruck gebracht. Dadurch können wir uns mit anderen Menschen verständigen. Die Sprache ermöglicht es, uns anderen mitzuteilen und sie zu verstehen, durch sie können wir aber auch uns selbst verstehen. Sie ist für unsere eigene Entwicklung nötig, damit wir unser Verhalten reflektieren oder verändern können. Das Sprechen ist die Voraussetzung für viele andere Bereiche einer altersgerechten Entwicklung, zum Beispiel für das Lesen und Schreiben, das Sozialverhalten, das Denkenlernen. Gehen, Sprechen und Denken hängen unmittelbar zusammen und bauen aufeinander auf. Während das Gehen eine äußere, sichtbare Bewegung ist, spielt sich das Sprechen stärker im Inneren, unter anderem im Kehlkopf, ab; ein wesentlicher Teil der Sprachbewegungen bleibt unsichtbar. Die Sprache bildet zudem die Grundlage für das Denken.

Voraussetzungen für den Spracherwerb

In den ersten Lebensjahren erwirbt das Kind sowohl einen passiven als auch einen aktiven Wortschatz. Passiver Wortschatz heißt, dass das Kind die Bedeutung der Wörter kennt, sie aber noch nicht selbst benutzt, mit dem aktiven Wortschatz kann es sie dann sinngerecht gebrauchen. Bei einem gesunden, sich normal

entwickelnden Kind sind die körperlichen Voraussetzungen für den Spracherwerb angeboren:
- eine altersgemäße Entwicklung der Sprachzentren im Gehirn und der dazugehörigen Muskeln
- ein intaktes Gehör
- optische Wahrnehmungsfähigkeit
- akustische Wahrnehmungsfähigkeit
- ein intakter Tastsinn
- eine intakte Motorik

Darüber hinaus ist eine entwicklungsfördernde Erziehung durch ein gutes Sprachvorbild notwendig. Das Kind braucht eine sprechende Umgebung, die es nachahmen kann.

Der Entwicklungsverlauf für Sprache und Sprechen

Im Folgenden wird – in Anlehnung an die Darstellung von Wolfgang Wendlandt, *Sprachstörung im Kindesalter* – ein Überblick über den Ablauf der kindlichen Sprachentwicklung gegeben. Die Altersangaben sind Durchschnittswerte und dienen zur Orientierung:

- Geburt – ca. $^1/_2$ Jahr: Saugen, Schlucken, Schreien, Gurren, Lallen. Das Kind freut sich über Laute, die es bilden kann, z.B. «gr – gr», «ech – ech».
- $^1/_2$ – 1 Jahr: Erste Silbenverdoppelungen sind möglich und werden verstanden, z.B. «Mama», «Papa», «wau-wau». Das Kind baut einen passiven Wortschatz auf, das heißt, es beginnt die Bedeutung einzelner Wörter zu verstehen, ohne sie jedoch zu gebrauchen.
- 1 – 1 $^1/_2$ Jahre: So genannte «Einwortsätze» werden gesprochen, z.B. «Ball», «heiß», «heia». Ständig werden neue Wörter dazugelernt. Das Kind versteht kleine Aufforderungen und hört auf seinen Namen.
- 1 $^1/_2$ – 2 Jahre: Häufig können Kinder jetzt schon bis zu fünfzig Wörter sprechen. Substantive, Adjektive und einfache Verben werden benutzt. Zwei- und Dreiwortsätze können gebildet werden, zum Beispiel «Papa weg!» oder «Oma ist?»
- 2 – 2 $^1/_2$ Jahre: Der Wortschatz nimmt stetig zu, und die Sätze werden länger, zum Beispiel: «Ich will Kuchen», «Da kommt Oma». Das Kind sagt oft schon zu sich selbst «ich» und benennt sich nicht mehr mit seinem Vornamen.
- 2 $^1/_2$ – 3 Jahre: Die meisten Laute werden jetzt gesprochen und schwierige Lautverbindungen geübt, zum Beispiel «kn», «bl» und «gr». Fragewörter – warum? wer? wo? – werden für einfache Satzbildungen verwendet.
- 3 – 4 Jahre: Das Kind beginnt, anspruchsvollere Sätze in Vergangenheits- und Zukunftsform sowie Nebensätze zu bilden. «Gestern waren wir bei Anna und da haben wir Kekse gegessen.» Es kann weitgehend alle Laute sprechen – bis auf schwierige Konsonantenverbindungen wie «kl», «dr» oder Zischlaute.
- 4 – 6 Jahre: Alle Laute können jetzt richtig gebildet werden. Die Grammatik wird in der Regel korrekt angewendet. Der Wortschatz ist nun so umfangreich, dass das Kind sich differenziert ausdrücken kann. Es ist in der Lage, Erlebnisse zu schildern oder Geschichten nachzuerzählen.

Der Zusammenhang zwischen Hören und Sprechen

Es wurde bereits erwähnt, dass das Hören eine wichtige Voraussetzung für den Erwerb der Sprache ist. Bereits im Mutterleib beginnt ab der dritten Schwangerschaftswoche die Entwicklung des Hörorgans. Das ungeborene Kind reagiert auf laute Reize und nimmt Geräusche wahr. Auch bei Neugeborenen sind Schreckreaktionen bei lauten Geräuschen zu beobachten.

Im Folgenden geben wir einen Überblick über die Entwicklung des Hörens nach der Geburt (wiederum in Anlehnung an die erwähnte Darstellung von Wolfgang Wendlandt):

- 2. Monat: Das Kind sucht mit den Augen nach der Schallquelle, z.B. der Stimme der Mutter, dem Ertönen eines Glöckchens.
- 3. Monat: Kopf und Augen drehen sich nach der Schallquelle. Eine sprechende Stimme oder eine Melodie können beruhigend wirken.
- 4. Monat: Die Stimme der Eltern wird wahrgenommen und vom Kind erkannt.
- 6. Monat: Das Kind versucht sowohl eigene als auch fremde Geräusche nachzuahmen. Erste Lall-Dialoge zwischen Eltern und Kind sind möglich und erfreuen beide.
- 7. – 9. Monat: Das Hörvermögen wird differenzierter. Geräuschquellen aus verschiedenen Richtungen (hinten, oben, rechts, links) werden erkannt und entsprechend zugeordnet. Das Kind versteht den Sinn einzelner Worte und reagiert darauf.
- 12. Monat: Das Kind hört auf seinen Namen; es versucht, einfache Kinderlieder mitzusingen.
- 12. – 15. Monat: «Zu diesem Zeitpunkt ist die Reifung der zentralen Hörbahnen in der Regel abgeschlossen. Geräusche, Laute und Sprache können aufgenommen, gespeichert und wiedergegeben werden.» (W. Wendlandt, S. 30)

Im Gegensatz zum Sprechen ist das Hören angeboren. Es regt ein Kind zum Erwerb der Sprache an. Rein mechanisch kann man sich den Vorgang folgendermaßen vorstellen: Töne oder Geräusche werden vom Ohr bzw. der Ohrmuschel aufgenommen. Von dort wird der Impuls über die Hörbahnen an das Gehirn weitergeleitet. Im Gehirn wird dann der Impuls empfangen und mit Informationen verglichen, die im Gedächtnis schon aufbewahrt sind, um sie dann zu verarbeiten. Das Gehirn gibt anschließend einen Impuls über die motorischen Nervenbahnen an die Sprechorgane weiter. Nun können durch Mund-, Lippen-, Zungen-, Kehlkopf- oder Nasen-Rachen-Bewegungen Gedanken, Gefühle und Empfindungen in Form von Sprache zum Ausdruck gebracht werden.

Neueste Forschungen haben gezeigt, dass nicht nur das Ohr, sondern der ganze Körper Sprache aufnimmt. Während des Sprechens finden kleinste Bewegungen an der ganzen Körperoberfläche statt. Diese sind für das bloße Auge völlig unsichtbar. Der Zuhörer – d.h. auch das Kind schon im frühesten Säuglingsalter – macht diese feinsten Bewegungen mit, ahmt sie nach. Sprache wird durch Bewegung angeregt. Wie Rainer Patzlaff in seinem Buch *Der gefrorene Blick* schildert, ist jedoch die persönliche Anwesenheit des Sprechers erforderlich, um den Sprechwillen des Kindes wachzurufen. Dieser wird nicht durch Lautsprecherstimmen hervorgerufen. Die Untersuchungen von Sally Ward, die Patzlaff zitiert, belegen, dass die elektronische Sprache des Fernsehers oder des CD-Players sich für ein Kind nicht zum Spracherwerb eignet.

Hörstörungen haben Auswirkungen auf die gesamte Sinnesentwicklung und den allgemeinen Entwicklungsstand des Kindes. Sie beeinträchtigen seine Sprachentwicklung, die Entfaltung seiner sozialen Fähigkeiten und seine seelisch-geistige Entwicklung. Sprachentwicklungsverzögerungen und -störungen können vermieden werden, wenn eine Hörstörung frühzeitig erkannt und behandelt wird.

Der Zusammenhang zwischen Bewegung und Sprechen

Die Fähigkeit, zu hören, sowie die Fähigkeit, sich zu bewegen, sind für den Erwerb der Sprache von unermesslicher Bedeutung. Auf einen Gegenstand zugehen können, ihn zu begreifen und zu ertasten, ihn hochzuheben, um ihn zu schmecken und zu riechen – das alles erlaubt eine differenzierte Wahrnehmung und somit auch die Möglichkeit, Erfahrungen über sich und die Umwelt zu sammeln, Begriffe zu finden und in Sprache auszudrücken, Wort und Objekt zusammenzubringen.

Die Entwicklung der Motorik (in Anlehnung an Anne-Grethe Dahms und Ulla Jaeger, *Motorik und Sprache*):

- Geburt – 3 Monate: Das Kind kann Arme und Beine beugen, die Bewegungen sind jedoch unwillkürlich. Liegt es auf dem Bauch, kann der Kopf reflektorisch gehoben werden, auch der Handgriff ist reflektorisch. Seinen Kopf und die Hände kann das Kind nach einem Geräusch wenden. Es beginnt, seine Augen auf einen Gegenstand zu fixieren. Beim Schreien und bei der Nahrungsaufnahme werden Mund-, Zungen- und Gesichtsmuskulatur bewegt.
- 3 – 6 Monate: Das Kind kann zielgerichtet nach einem Gegenstand den Arm ausstrecken, um ihn dann mit der Hand zu ergreifen. Es spielt mit seinen Händen und Füßen. Das Kind dreht oder rollt sich vom Rücken in die Bauchlage und umgekehrt. In der Bauchlage kann der Kopf sicher gehalten werden. Sowohl horizontale als auch vertikale Bewegungen können mit den Augen verfolgt werden.
- 6 – 9 Monate: Jetzt gelingt dem Kind das freie Sitzen. Auf allen Vieren erübt es sein Gleichgewicht und lernt das Krabbeln. Über den Kniestand zieht es sich an Dingen hoch und kommt zum Stehen. Mit Finger und Mund fühlt und schmeckt es alles, was es erreichen kann.
- 9 – 12 Monate: Nun versucht das Kind allein zu stehen. Die ersten Schritte werden probiert. Dabei ist der Gang breitbeinig, und die Arme werden hochgehalten, um das Gleichgewicht zu finden. Beim Gehen wird der Fuß mit der ganzen Sohle aufgesetzt. Mit Zeigefinger und Daumen kann das Kind etwas aufheben (Pinsettengriff). Gegenstände werden ohne Ziel in irgendeine Richtung geworfen. Der Aktionsradius des Kindes vergrößert sich. Es bekommt feste Nahrung, die eine differenzierte Bewegung von Zunge und Kiefer erforderlich macht.
- 1 – 2 Jahre: Das Kind ist in der Lage, gezielt in eine bestimmte Richtung zu gehen. Allmählich kann es Treppen auf- und absteigen. Es unternimmt erste Versuche zu hüpfen oder nach einem Ball zu treten. Zum

Malen wird ein Stift mit der ganzen Hand umgriffen, die Bewegung kommt jedoch aus Oberarm und Schulter. Beim Bauen mit Klötzen übt das Kind die Augen-Hand-Koordination. Dabei wird bereits eine Handdominanz sichtbar, zum Beispiel sammelt die rechte Hand Kastanien auf, um sie dann in einen Korb zu werfen. Zum Essen benutzt das Kind bevorzugt eine Hand. Es entdeckt und erforscht vieles in seiner Umgebung.

- 2 – 3 Jahre: Beim Gehen wird die Ferse aufgesetzt und der Fuß abgerollt, der breitbeinige Gang verschwindet. Bei allen Aktivitäten erlangt das Kind eine größere Selbstständigkeit und Sicherheit. Es wechselt Richtung und Tempo beim Laufen, ohne das Gleichgewicht zu verlieren.
- 3 – 4 Jahre: Häufig hat das dreijährige Kind noch X-Beine, die aber nach und nach verschwinden. Langsam entwickeln sich die großen Körpermuskeln. Das Kind kann auf einem Bein stehen, auf zwei Beinen hüpfen und allein essen. Sein Ballspielen wird sicherer und großräumiger, zum Beispiel nimmt es beim Werfen die Arme über den Kopf. Mit vier Jahren beginnt der Babyspeck zu verschwinden. Beim Gehen schwingen noch die Arme mit.
- 4 – 5 Jahre: Das Kind beginnt seilzuspringen. Beim Gehen hält es die Arme am Körper. Inzwischen kann es mit der typischen Wurfbewegung, jedoch ohne Gewichtsverlagerung, werfen. Beim Malen können die Bewegungen des Kindes mehr aus Unterarm und Handgelenk heraus erfolgen. Außerdem vermag es sich jetzt allein an- und auszuziehen.
- 5 – 6 Jahre: Alle Bewegungen des Kindes werden differenzierter und feiner, zum Beispiel wenn es das Essbesteck hält. Es lernt, Schleifen zu binden, Brot zu streichen, es wirft den Ball allmählich mit Gewichtsverlagerung vom rechten auf den linken Fuß und lernt das Radfahren. Gleichgewicht und Bewegung können koordiniert werden.

- 6 Jahre und älter: Beim Schulkind ist die Entwicklung der Grobmotorik eigentlich abgeschlossen. Die Muskulatur baut sich weiter auf, und die Belastbarkeit des Kindes steigert sich, die Geschicklichkeit und die Feinmotorik werden weiter geübt und ausgeweitet. Das Schulkind entwickelt immer feinere Bewegungsmuster.

Sprech- und Sprachstörungen

Häufig sind Kinder beim Kinderarzt etwas schüchtern und eher still, sodass der Arzt von der sprachlichen Entwicklung des jeweiligen Kindes keinen großen Eindruck gewinnt. Deshalb ist es wichtig, dass Eltern und Erzieher Kenntnisse über mögliche Störungen des Sprechens haben, damit sie im gegebenen Fall mit einem Arzt beraten können, was zu tun sei. Je nachdem, wie alt das Kind ist und welche Auffälligkeiten vorliegen, gibt es verschiedene Behandlungsmöglichkeiten, die dann im Einzelnen geklärt werden müssen. Im Folgenden werden die wichtigsten Sprechstörungen vorgestellt, die jedoch nur von einem Fachmann als solche diagnostiziert werden können.

- *Babysprache*

Damit ist eine kleinkindhafte Sprechweise gemeint, die nicht altersgemäß gebraucht wird. Ein vierjähriges Kind sagt zum Beispiel «Brum-Brum» statt «Auto», «Ham-Ham» statt «Essen».

- *Dysgrammatismus*

Das, was ein Kind sagen will, kann es nicht in der gebräuchlichen grammatischen Form ausdrücken. Fehler in der Wort- und Satzbildung erfolgen.
- Es werden ganze Wörter oder Satzteile ausgelassen («Anna Hunger», «Mama lieb»).
- Das Kind wählt den falschen Artikel zum Substantiv («die Baum», «der Auto»).
- Es konjugiert nicht oder falsch («ich haben», «du haben»).
- Es werden Wörter im Satzbau vertauscht («Ich zum Auto gehe jetzt»).

- *Dyslalie (Stammeln)*

Das Kind bildet einzelne Laute und Lautverbindungen nicht richtig. Häufig können mit Unterstützung bestimmte Laute in der «Übsprache» gebildet werden, während sie in der «Spontansprache» fehlen oder fehlerhaft verwendet werden.

Sehr typisch bei einer Dyslalie sind:
- das Fehlen von Lauten bzw. Lautverbindungen (z.B. wird statt «Pullover» «Lover» gesagt)
- das Ersetzen von Lauten bzw. Lautverbindungen durch andere Laute (es wird statt «Gabel» «Dabel» gesagt)
- das Ersetzen von Lauten oder Lautverbindungen durch einen Laut, der in der Umgangssprache nicht vorkommt, z.B. das Lispeln bei s-Lauten (Sigmatismus) oder das Schnalzen bei «l» und «m».

Fehlen beim Sprechen eines Kindes nur wenige Laute oder nur ein Laut, zum Beispiel g und k, spricht man von einer partiellen Dyslalie – das Kind ist noch gut verständlich. Sind jedoch viele Laute und Lautverbindungen fehlerhaft oder nicht vorhanden, sodass die Sprache des Kindes schwer verständlich ist, handelt es sich um eine multiple Dyslalie. Ist die Sprache völlig unverständlich und können nur wenige Laute und Lautverbindungen gesprochen werden, spricht man von einer universellen Dyslalie.

- *Eigensprache*

Es werden Wörter erfunden und gebraucht, die oft nur im engsten Familienkreis, nicht von Außenstehenden verstanden werden. Sehr häufig ist dies bei Zwillingen oder Geschwistern mit geringem Altersunterschied zu beobachten.

- *Eingeschränktes Sprachverständnis*

Das Kind versteht die Bedeutung von einzelnen Wörtern und Sätzen nicht. Oftmals werden die Präpositionen nicht verstanden, und Aufforderungen wie «Bring das Glas in die Küche und stell es auf den Tisch» können nicht erfüllt werden.

Manche Kinder orientieren sich an der Gestik und Mimik des Sprechenden und können so den Sinn des Gesagten erfassen. Dadurch fällt die Störung nicht so schnell auf.

- *Eingeschränkter Wortschatz*

Der Wortschatz des Kindes ist nicht altersgemäß, sondern begrenzt, das heißt, es fehlen ihm die Begriffe für viele Gegenstände. Zum Beispiel benutzt es eine Bezeichnung für Verschiedenes zum Essen wie «Hamham» für Brei, Milch, Schokolade usw. Oder es zeigt auf die Gegenstände, die es haben möchte, aber nicht benennen kann.

Meist kommt zu einem geringen Wortschatz eines Kindes noch eine Dyslalie oder ein Dysgrammatismus seiner Sprache hinzu.

- *Kindliche Dysphonie*
Es liegt eine Stimmstörung vor, die den Klang, die Lautstärke oder die Tonhöhe der Stimme beeinflusst. Die Stimme hört sich piepsig, heiser oder flüsternd an.

- *Mutismus*
Das Kind hat die Sprache bereits erworben, verweigert sie aber total oder teilweise; zum Beispiel spricht es zu Hause, aber nicht in der Schule, oder es spricht mit allen Familienmitgliedern, aber nicht mit einem Fremden.

- *Näseln (Rhinophonie)*
Die Stimme klingt beim Sprechen verschnupft. Man unterscheidet das offene und das geschlossene Näseln. Beim offenen Näseln entweicht die Luft beim Sprechen verstärkt durch die Nase anstatt durch den Mund, beim geschlossenen Näseln entweicht sie verstärkt durch den Mund anstatt durch die Nase. Darüber hinaus gibt es auch das gemischte Näseln.

- *Poltern*
Der Sprechablauf ist durch ein überhastetes und unregelmäßiges Sprechtempo gestört. Die Aussprache ist verwaschen und undeutlich, da Laute und Silben zusammengezogen, weggelassen oder umgestellt werden. Nach neueren Theorien ist nicht nur der Sprachablauf, sondern auch die zeitliche Abfolge der Wahrnehmung gestört.

- *Sprachentwicklungsverzögerung/-störung*
Die Sprachentwicklung ist verzögert und das Sprachverständnis gestört, wenn Artikulation, Wortschatz und Grammatik nicht altersgemäß entwickelt sind. Nicht altersgemäß heißt, ein Entwicklungsrückstand von mindestens einem halben Jahr ist durch einen Fachmann festzustellen.

- *Stottern (Balbuties)*
Stottern ist eine Kommunikationsstörung, die durch Unterbrechungen des Redeflusses in Erscheinung tritt. Sie äußert sich plötzlich und in der Regel unabhängig vom Willen des Sprechers. Zwischen dem dritten und fünften Lebensjahr kann eine Stotterphase auftreten, die jedoch nicht pathologisch einzustufen ist. Sie vergeht ohne therapeutische Unterstützung und sollte vom Erwachsenen möglichst wenig beachtet werden. Typische Symptome des Stotterns sind:
- klonisches Stottern – Laute und Silben werden wiederholt («m-m-m-mit»)
- tonisches Stottern – Laute werden gepresst, oder der Sprechablauf bleibt stehen («mmm»).
- Auffälligkeiten der Atmung – gegen Ende der Ausatemphase wird mit dem Sprechen begonnen
- Embolophrasen – eingeschobene Laute und Silben, so genannte Flickwörter (z.B. «äh», «gell», «jo»)
- Mitbewegungen – zum Beispiel Augenzwinkern, Zuckungen im Arm, Stampfen
- psychosomatische Symptome wie Zittern, Schwitzen, Herzklopfen.

Mögliche Ursachen für Sprech- und Sprachstörungen

«Es war einmal ein Mann. Er war unglücklich, weil die Früchte seines Gartens nicht wuchsen. So begann er, nach dem ‹verhexten Stein› zu graben, der – wie er glaubte – im Boden verborgen das Wachstum der Pflanzen zum Erliegen brachte. Doch der Stein war nicht zu finden. Er grub viele Löcher. Sein Spaten zerbrach. Sein Rücken wurde krumm. Manchmal stürzte er in der Dunkelheit in ein gerade ausgehobenes Loch. Dann schrie er, verfluchte sich selbst oder beschimpfte die Pflanzen. Und auch der Spaten mit dem goldenen Knauf, den er nach Jahren endlich im Ausland entdeckte, ließ ihn den Stein nicht aufspüren. Da zerbrach sein Herz, und man fand den Mann eines Morgens tot im Garten in einer der vielen Gruben.» (Aus W. Wendlandt, *Sprachstörungen im Kindesalter*, S. 51)

Wenn die Entwicklung eines Kindes nicht so verläuft, wie man es sich erhofft, wünscht oder es für «normal» erachtet wird, möchte man gerne wissen, warum das so ist. Woran liegt es? Was ist die Ursache, der Grund? Wo liegt der «verhexte Stein», der Entwicklung verhindert? Wie schnell quält man sich mit Schuldgefühlen und Selbstzweifeln, wenn man sich zu lange mit solchen Fragen und dem Suchen nach einer Antwort beschäftigt. Dadurch wird sehr viel Energie verbraucht, die keinem wirklich hilft, wie es in der obigen Geschichte beschrieben ist.

Sinnvoller ist es, den Blick nach vorne zu richten, damit die Kraft für eine entwicklungsfördernde Erziehung zur Verfügung steht. Schauen wir also hauptsächlich auf vorbeugende und fördernde Möglichkeiten zur Unterstützung der kindlichen Entwicklung. Die Ausführungen zu möglichen Ursachen für Sprech- und Sprachstörungen halten wir daher kurz.

Grundsätzlich kann man davon ausgehen, dass es nicht nur *eine* Ursache für eine Störung gibt, sondern mehrere Faktoren eine Rolle gespielt haben. Die Ursachen können in vier Bereiche eingeteilt werden:

Organische Ursachen:
- missgebildete Sprechwerkzeuge
- Hörstörungen
- Bewegungsstörungen
- neurologische Störungen

Vererbte Ursachen:
- Eine Sprachstörung als solche kann nicht vererbt werden, aber die Disposition, die Anlage, eine Sprachstörung zu bekommen, ist vererbbar.

Soziokulturelle Ursachen:
- übermäßiger Fernsehkonsum; es findet keine direkte Kommunikation statt, das Kind leidet unter Bewegungsmangel, die Objekte können nicht «be-griffen» werden
- gesellschaftliche Normen und Wertvorstellungen («Ein Kind lernt ganz von selbst sprechen» oder «Ein Kind muss frühzeitig gut sprechen können»)
- zweisprachige Erziehung
- belastende Wohnsituation
- schwierige finanzielle Verhältnisse

Psychische Ursachen:
- seelische Belastungen in der frühen Kindheit, zum Beispiel Trennung der Eltern, Geschwisterrivalität, Zwillingssituation, längere Krankenhausaufenthalte
- neurotische Störungen
- Erziehungsunsicherheiten der Eltern, zum Beispiel Überbehütung
- Art der Kommunikation; ein Kind kann sich durch die Art und Weise, wie mit ihm gesprochen wird, angenommen oder abgelehnt, unterstützt oder allein gelassen fühlen.

Vorbeugende und fördernde Maßnahmen

Wenn ein kleines Kind geboren wird, ist es noch nicht in der Lage, allein zu leben, so wie das bei manchen Tieren, den Nestflüchtern, durchaus möglich ist. Ein Menschenkind braucht Liebe, Anerkennung, Wertschätzung, Ansprache, Ermutigung, um sich zu einem selbstständigen und eigenverantwortlichen Menschen zu entwickeln. Auch für das Erlernen der Sprache und des Sprechens braucht es eine solche fördernde Umgebung.

Das kleine Kind lernt die Welt durch seine Neugier und sein Interesse kennen. Durch seinen Nachahmungsdrang probiert es vieles aus. Um nachahmen zu können, braucht es aber auch Vorbilder, am besten möglichst gute Vorbilder. Diese sind auch für seine Sprachentwicklung von zentraler Bedeutung. Das Kind braucht enge Bezugspersonen, die es sprechend am Alltag teilhaben lassen, die über Gedanken, Gefühle, Wünsche reden können, aber auch dem Kind zuhören und es reden lassen, ohne übersteigerte Erwartungen zu haben. Es braucht eine Atmosphäre, in der es Freude macht zu sprechen und die ihm Anregungen zum Sprechen gibt. Dabei muss es sich angenommen und akzeptiert fühlen. Das Kind muss erleben können, dass seine Umgebung ein Interesse an ihm und seinen sprachlichen Äußerungen hat.

Damit ein kleines Kind sprechen lernen kann, ist es erforderlich, dass die Erwachsenen sich Zeit für es nehmen – Zeit, in der sie mit ihm spielen, ihm Geschichten erzählen, Bilderbücher vorlesen, es ausreden lassen, mit ihm singen und mit ihm gemeinsam die Welt neu entdecken und vielleicht sogar dabei selbst Freude empfinden.

Die erzieherischen Möglichkeiten zur Sprachförderung sind vielfältig. Es wurde schon erwähnt, dass das Kind ein gutes Vorbild braucht, um nachahmen zu können. Dazu gehört auch, dass wir uns bemühen, ein gutes Sprachvorbild zu sein, d.h. eine schöne, deutliche Ausdrucks-

weise pflegen, ohne gekünstelt zu wirken. Es ist wichtig, mit dem Kind in einer ihm gemäßen Sprache in Wortwahl und Satzbau zu sprechen, nicht in einer Babysprache, auch wenn man es vielleicht «so süß» findet.

Nicht zu unterschätzen ist die Stimme des Erwachsenen, gerade in ihrer Wirkung auf das kleine Kind. Sie wirkt viel stärker als die Bedeutung der Worte selbst. Etwas Schönes, in einem strengen Ton gesagt, wird ein kleines Kind eher erschrecken, während ein Tadel, liebevoll ausgedrückt, ein verschmitztes Lächeln im Gesicht eines Kindes hervorrufen kann. Erst im Schulalter lernt ein Kind zwischen Stimmführung und Inhalt zu differenzieren.

Jedes Kind, nicht nur das in seiner sprachlichen Entwicklung auffällige oder gestörte, braucht Unterstützung beim Erwerb der Sprache. Dazu gehören folgende Grundregeln:

- Dem Kind zuhören. Wer zuhören kann, lässt sich auf das Kind ein und hat nicht den Drang, selbst etwas sagen zu wollen. Das Kind erlebt, dass man Interesse an ihm hat, und fühlt sich angenommen, geliebt und als Persönlichkeit akzeptiert.
- Das Kind anschauen beim Sprechen. Besteht während des Sprechens Blickkontakt, fühlt

man sich ernst genommen. Der Erwachsene ist mit seiner Aufmerksamkeit auch wirklich bei dem Kind und weniger durch andere Dinge abgelenkt. Darüber hinaus fördert es den Spracherwerb, wenn das Kind auf die Lippen des Sprechenden schauen kann.

- Alltagshandlungen sprachlich begleiten. «Jetzt decken wir den Mittagstisch. Für Papa einen Teller, einen Löffel, ein Messer und eine Gabel. Für Mama …» oder «Ich nehme nun deine Hose und nähe den Knopf wieder fest.» Damit ist aber nicht gemeint, man solle den ganzen Tag auf das Kind einreden und es damit erdrücken.
- Eigene Gefühle und die des Kindes beschreiben. «Gestern Abend wurde es spät, deshalb bist du heute sehr müde», «Ja, ohne Jacke ist dir jetzt kalt», «Ich bin ärgerlich, weil die schöne Blumenvase zerbrochen ist.»
- Korrektives Feedback / korrigierte Rückmeldung. Man wiederholt korrekt das, was das Kind nicht richtig gesagt hat. «La do ni do» – «Ich soll aufhören zu lachen?», «Dud ma, de doddel tomt.» – «Ja, ich sehe, dass der Gockel kommt.» Nicht das Kind soll verbessert, sondern «ganz nebenbei» das Gesprochene richtig wiederholt werden.
- Gehörschulung des Kindes. Dazu gehören Spiele, bei denen das Kind genau hinhören muss. Etwa das bekannte Spiel «Hänschen piep einmal»: Ein Kind erkennt ein anderes an der Stimme, ohne es sehen zu können; «Geräuschememory»: Unter vielen verschiedenen Geräuschen werden zwei gleiche erkannt; «Wecker suchen»: Mit verbundenen Augen muss das Kind einen laut tickenden Wecker finden; «Orchesterspiel»: Das Kind wird angeregt, die Reihenfolge von Tönen richtig wiederzugeben, z. B. spielte zuerst die Trommel, dann die Triangel und zum Schluss die Flöte.
- Mit dem Kind spielen. Es gibt eine ganze Reihe von Spielen und Spielmöglichkeiten, die ein Kind zum Sprechen anregen, seine Sprachfreude wecken, seinen Wortschatz erweitern und es in seinem Spracherwerb fördern, angefangen mit Handstreichelspielen, Kniereiterspielen, Singspielen, Fingerspielen, Tanz- und Kreisspielen über Puppen- und Kasperlespielen bis hin zu Brett-, Regel- und Rollenspielen. Im Folgenden werden einige solcher Spielmöglichkeiten ausführlich beschrieben.

Text und Melodie: L. Henning

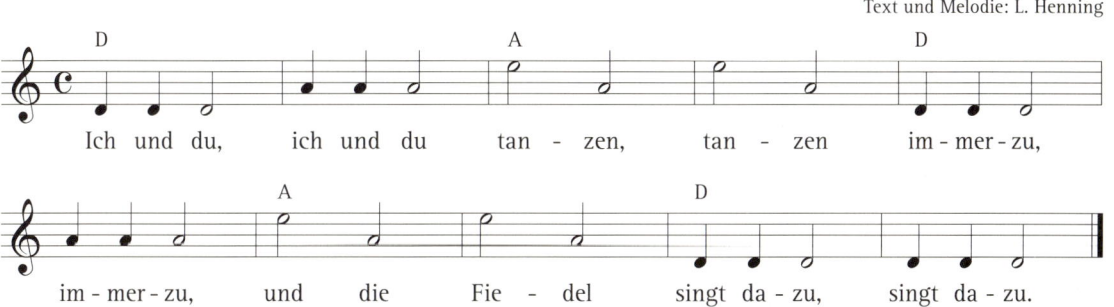

Ich und du, ich und du tan-zen, tan-zen im-mer-zu, im-mer-zu, und die Fie-del singt da-zu, singt da-zu.

Aus: *Neue Kinderlieder aus dem Waldorfkindergarten Berlin*

Spiele zur Sprachanregung

Berührungs- und Handstreichelspiele

Bereits im Säuglingsalter während des Badens und Wickelns kann die tägliche Körperpflege mit Berührungs- und Handstreichelspielen verbunden werden. Ab fünf Monaten beginnen die Kinder auf solche Spiele zu reagieren, auch wenn sie Sprache und Bewegung noch nicht nachahmen können. Sie haben Gefallen am Sprachklang und der Sprachmelodie ihrer Bezugspersonen und bauen sich dadurch ihren passiven Wortschatz auf.

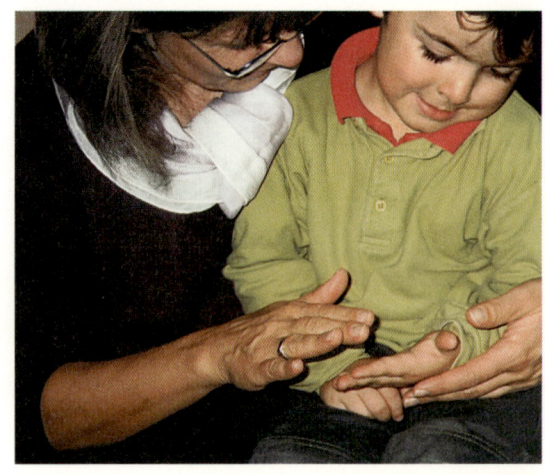

Erst kommt der Sonnenkäferpapa ...

Erst kommt der Sonnenkäferpapa,	*Mit allen Fingern einer Hand an Arm oder Bein des Kindes hochkrabbeln.*
Dann kommt die Sonnenkäfermama	*Wie oben.*
Und hinterdrein, ganz klitzeklein, Die Sonnenkäferkinderlein.	*Nur mit zwei Fingern einer Hand an Arm oder Bein hochkrabbeln.*
Sie haben rote Röckchen an, Mit kleinen schwarzen Pünktchen dran.	*Über die Hand oder den Fuß streicheln, die Pünktchen mit einem Finger tupfen.*
Erst kommt der Sonnenkäferpapa,	*Mit allen Fingern einer Hand an Arm oder Bein des Kindes hochkrabbeln.*
Dann kommt die Sonnenkäfermama	*Wie oben.*
Und hinterdrein, ganz klitzeklein, Die Sonnenkäferkinderlein.	*Nur mit zwei Fingern einer Hand an Arm oder Bein hochkrabbeln.*

Mündliche Überlieferung

Da hast du einen Taler ...

Da hast du einen Taler, gehst auf den Markt, kaufst dir eine Kuh und ein Kälbchen dazu,	*Bei jeder Zeile einmal über die Handinnenfläche oder die Fußsohle des Kindes streicheln.*
Kälbchen hat ein Schwänzchen, gille, gille, Gänschen.	*Mit den Fingern in der Handfläche oder die Fußsohlen des Kindes kitzeln.*

Volksgut

Kommt ein Mäuschen ...

Kommt ein Mäuschen,
will ins Häuschen,
da rein, da rein, da rein.
Volksgut

*Mit den Fingern auf dem Arm des Kindes krabbeln.
Versuchen, in eine Öffnung der Kleidung zu schlüpfen, z.B. am Hals, im Genick oder am Handgelenk.*

Ellenbogen ...

Ellenbogen,
Nase gezogen,
Haare gezupft,
und einen großen Patsch.
Volksgut

*Auf den Ellenbogen zeigen,
an der Nase vorsichtig ziehen,
an den Haaren vorsichtig ziehen,
auf Wange oder Hand einen liebevollen, zärtlichen Patsch geben.*

Mieze, muze, Kätzchen ...

Mieze, muze, Kätzchen,
sammetweiche Tätzchen,
seidenweiches Fellchen,
kritze, kratze, Krällchen.
(Ach, wer hätte das gedacht,
nimm vor Katzen dich in Acht.)
Marianne Garff

*Dem Kind über die Handaußenfläche streicheln,
dem Kind über die Handinnenfläche streicheln,

mit den Fingern Krallenbewegungen machen,
besorgt mit dem Kopf wiegen,
Zeigefinger erheben.*

Kommt ein Mann ...

Kommt ein Mann den Berg hinauf,
klingelt,
klopft an,
guten Tag, Herr Nasenmann.
Mündliche Überlieferung

*Mit den Fingern am Arm des Kindes hochkrabbeln,
liebevoll am Ohrläppchen ziehen,
leicht an die Stirn klopfen,
zwischen Daumen und Zeigefinger die Nase des Kindes nehmen und so bewegen, als reiche man die Hand zum Gruß.*

Erst kommt ein Würmlein ...

Erst kommt ein Würmlein ...
bis zum Türmlein,
Dann kommt ein Mäuschen,

das will ins Häuschen.

Es folgt der Ziegenbock
mit dem langen Zottelrock.
Und wer kommt zum Schluss gerannt?
Ein großer, dicker Elefant!
Christel Dhom

*Mit dem Zeigefinger den Arm des Kindes hinaufschlängeln bis zur Schulter.
Mit Zeige- und Mittelfinger den Arm des Kindes bis zum Nacken in kleinen Schrittchen hinaufhuschen.
Versuchen, in den Pulli des Kindes (Häuschen) zu schlüpfen.
Mit Zeige- und Mittelfinger in hohen Sprüngen hüpfen.
Mit der Faust etwas fester den Arm des Kindes hinaufstampfen.*

Guten Tag, Frau Nebenmann ...

Guten Tag, Frau (Herr) Nebenmann,
sieh dir meine Faust mal an.
Da wachsen ja fünf Blätter raus,
sieht das nicht wie eine Blume aus?
Nein, ich glaub, die Dinger
sind ja meine Finger,
mit denen ich dich kitzeln kann.
Paul Maar

*Sich die Hände schütteln,
dem Kind die Faust zeigen,
die fünf Finger nacheinander ausstrecken,
Finger wie einen Blumenkelch halten,*

das Kind kitzeln.

Kniereiterspiele

Mit ungefähr sieben Monaten können die Kinder frei sitzen. Dann haben sie an den rhythmischen Bewegungen der Kniereiterspiele große Freude. Noch bis ins Kindergartenalter hinein ist dies zu beobachten.

Hoppe, hoppe, Reiter ...

Hoppe, hoppe, Reiter,
wenn er fällt, dann schreit er,
fällt er in den Graben,
fressen ihn die Raben,
fällt er in den Sumpf,
macht der Reiter: Plumps!
Volksgut

Das Kind sitzt auf den Knien des Erwachsenen. Die Knie werden auf und ab bewegt.

Bei ‹Plumps› fällt das Kind ein wenig zwischen die Beine.

Fährt ein Schiffer ...

Fährt ein Schiffer übers Meer,
schaukelt hin und schaukelt her.
Kommt ein großer Sturm,
fällt das Schifflein um.
Unbekannter Verfasser

Die Knie hin und her bewegen.

*Tüchtig blasen.
Kind behutsam auf die Seite kippen.*

Hopp, hopp, hopp ...

Hopp, hopp, hopp,
Pferdchen, lauf Galopp,
über Stock und über Steine,
aber brich dir nicht die Beine.
Hopp, hopp, hopp,
Pferdchen, lauf Galopp.
Volksgut

Die Knie auf und ab bewegen und den Vers mehrmals in unterschiedlichem Tempo wiederholen.

Tross, tross, trill ...

Tross, tross, trill,
der Bauer hat ein Füll.
Das Füllchen will nicht laufen,
der Bauer will's verkaufen.
Da macht das Füllchen trab
und wirft den Bauern ab.
         Volksgut

Die Knie auf und ab bewegen.

Stillhalten.

Die Knie schneller bewegen.
Das Kind ein wenig zwischen die Beine fallen lassen.

Große Uhren machen ...

Große Uhren gehen
tik, tak, tik, tak.
Kleine Uhren gehen
tike, take, tike, take.
Und die kleinen Taschenuhren
tike, take, tike, take, tike, take, tike, take.
         Karl Karow

Das Kind sitzt auf den Knien, der Erwachsene legt seine Arme um das Kind und wiegt es wie das Pendel einer Uhr hin und her.
Das Kind hin und her bewegen, etwas schneller.
Das Kind noch schneller hin und her bewegen.

Worte und Weise: Karl Karow

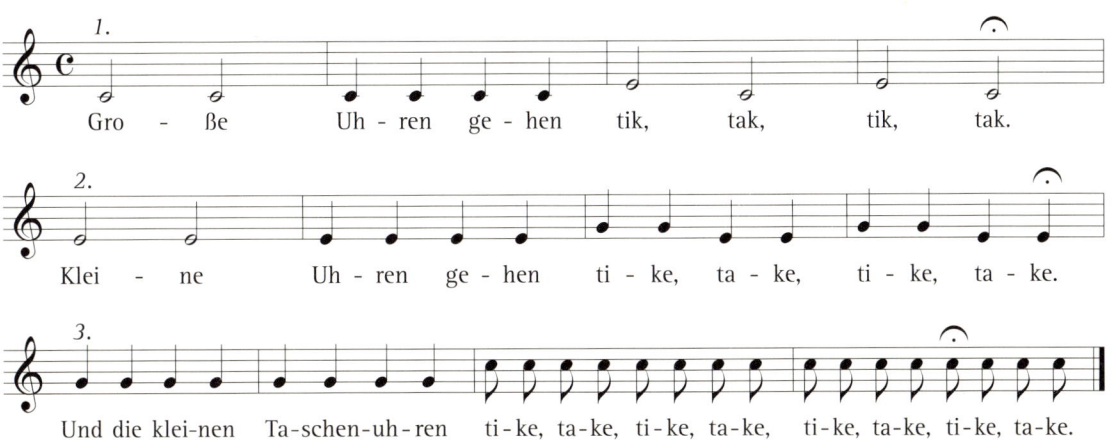

Die Stellen «tik, tak» bzw. «tike, take» können auf Schlaginstrumenten (z.B. Holzblöcken, Klangstäben) als Ostinato mitgespielt werden.
Aus: *Willkommen lieber Tag*, Band 1, R. R. Klein, Diesterweg.

Hopp, mein Pferdchen ...

Hopp, mein Pferdchen nach der Stadt,
Bring meinem lieben Kindchen wat.
Was soll ich ihm denn bringen?
Ein' großen Sack voll Kringeln:
Zuckerbrot und Mandelkern
mag mein liebes Kindchen gern.
         Volksgut

Knie auf und ab bewegen.

Das Kind liebevoll drücken.

Leise gehet, leise wehet ...

Leise gehet, leise wehet
durch die Zweige hin der Wind,
auf und nieder, hin und wieder
schaukelt er das Vogelkind.

G.C. Dieffenbach

*Zwischen dem Sprechen kurze Pausen machen,
um zu blasen, z.B. behutsam in das Gesichtchen.
Knie sanft auf und ab, hin und her bewegen.*

In meinem Stall ...

In meinem Stall viel Pferdchen stehn,
sie können rasch im Trabe gehn,
sie springen schnell im Kreis herum,
dann stehn sie wieder still und stumm.

Hedwig Diestel

Knie auf und ab bewegen,

*schneller werden
und am Schluss etwas abrupt aufhören.*

Kleines Vöglein ...

Kleines Vöglein, lass dich wiegen,
ei, du kannst noch gar nicht fliegen,
lass dich wiegen hin und her,
das gefällt dir immer sehr!
Bist du groß, sagst du «Ade»
und fliegst lustig in die Höh'!

Hedwig Diestel

*Das Kind sitzt auf den Knien des Erwachsenen
oder steht vor ihm.
Der Erwachsene umschlingt vorsichtig das
Kind und wiegt es hin und her.
Er nimmt das Kind und hebt es einmal kurz in
die Höhe.*

Finger- und Handgestenspiele

Von zwei Jahren an bis ins Schulalter hinein gehören Finger- und Handgestenspiele in den Alltag eines jeden Kindes. Sowohl zu Hause als auch in Kindergarten und Schule sollten sie im Spielerepertoire nicht fehlen. Die Kinder beginnen mit zwei Jahren aktiv Wort und Bewegung nachzuahmen. Über die Sprache hinaus werden erste körpergeografische Kenntnisse vermittelt. Mit zunehmendem Alter werden Text und Bewegung differenzierter.

Das ist der Daumen …

Das ist der Daumen, | Mit dem Zeigefinger der einen Hand auf den Daumen der anderen Hand zeigen,
der schüttelt die Pflaumen, | auf den Zeigefinger deuten,
der liest sie auf, | auf den Mittelfinger zeigen,
der trägt sie nach Haus, | den Ringfinger berühren,
und dieser kleine Schlingel | den kleinen Finger etwas hin und her schütteln.
isst sie all alleine auf.

Volksgut

Wolle, Wolle wickeln …

Wolle, Wolle wickeln | *Beide Hände bewegen sich umeinander wie*
kann das Kind. | *beim Aufwickeln von Wolle, vor und zurück.*
Wolle, Wolle wickeln,
wie der Wind.

Walle, walle, welle,
wickel nicht so schnelle,
wickel nicht so wilde
wie der Wind.

Alfred Baur

Ditsche, datsche, daus …

Ditsche, datsche, daus, | *Handflächen sind waagerecht vor dem Körper, eine patscht auf die andere.*

bau ich mir ein Haus. | *Beide Hände sind in Gesichtshöhe mit den Fingerspitzen aneinander gelehnt und bilden eine Dachspitze.*

Heller Sonnenschein | *Die kleinen Finger legen sich waagerecht übereinander, sodass ein dreieckiges Fenster entsteht.*
öffnet Fensterlein.

Vater guckt hervor, | *Der rechte Daumen schaut zum Fenster heraus und geht zurück.*

Mutter kommt ans Tor. | *Der linke Daumen schaut heraus und geht zurück.*

Kommt der Sturm im Saus, | *Tüchtig blasen.*
wirft mir ein das Haus! | *Dachspitze beginnt hin und her zu schwanken und fällt um.*

Fliegen lauter Vögel raus. | *Rechte und linke Hand in Gesichtshöhe leicht hin und her bewegen.*

R. Hüttner

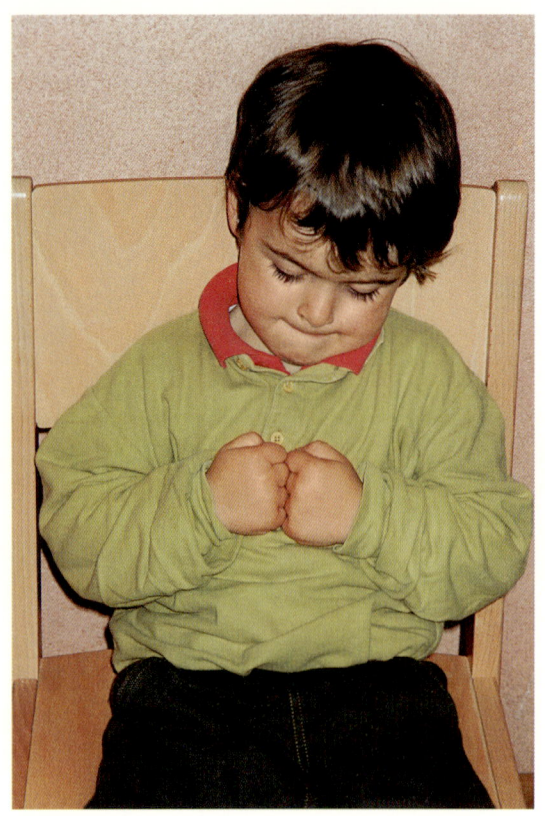 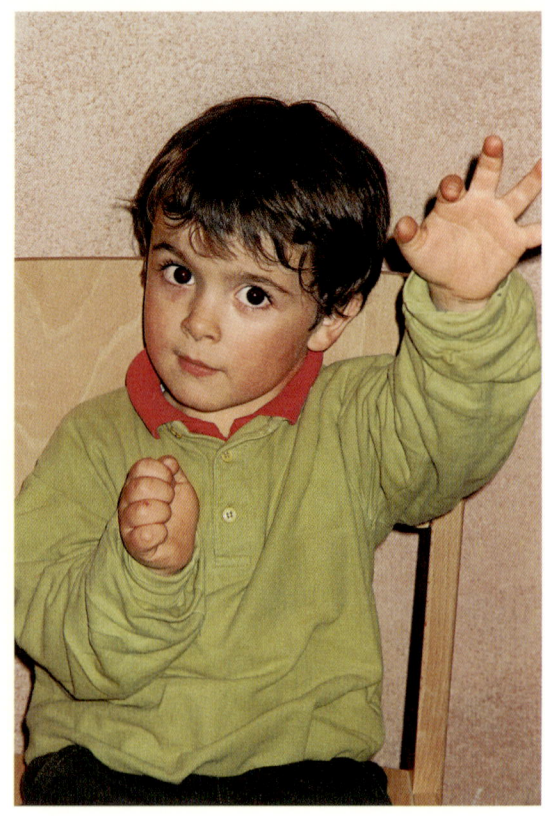

Zwei Vöglein schlafen ...

Zwei Vöglein schlafen im Nest,
ganz fest.
Das erste erwacht,
flattert und lacht,
fliegt ein Stück

und fliegt ins Nest zurück.

Das zweite erwacht,
flattert und lacht,
fliegt ein Stück
und fliegt ins Nest zurück.
Nun fliegen sie beide
durch Wald und Heide.
Sie lachen vor Glück
und fliegen zurück.
Zwei Vöglein schlafen im Nest,
ganz fest.

Hedwig Diestel

Beide Hände zu Fäusten ballen und vor den Brustkorb halten.
Zeigefinger und Daumen der rechten Hand, dann die anderen Finger ausstrecken und bewegen, Finger bewegen sich leicht wie die Flügel eines Vogels.
Rechte Hand kommt zum Brustkorb zurück und schließt sich zur Faust.
Wie oben, nur mit der linken Hand.

Wie oben, jetzt mit beiden Händen.

Beide Hände zu Fäusten ballen und vor dem Brustkorb halten.

Kommt ein kleiner Mann ...

Kommt ein kleiner Mann daher,	*Zeigefinger der rechten Hand.*
kommt zum Pflaumenbäumchen.	*Linke Hand mit gespreizten Fingern, Ellbogen ist der Baumstamm.*
Schaut hinauf und freut sich sehr,	*Zeigefinger der rechten Hand bewegt sich leicht.*
sieht die vielen Pfläumchen.	
Und er schüttelt, schwapp, schwapp, schwapp,	*Rechte Hand umschließt den linken Unterarm und schüttelt.*
fallen alle Pflaumen ab.	*Finger der linken Hand bewegen sich und ‹fallen zur Erde›.*
Männlein liest sie in den Sack,	*Rechte Hand sammelt mit Daumen und Zeigefinger in die linke Hand (= Sack).*
trägt nach Haus sie huckepack.	*Beide Hände über eine Schulter halten, so als trüge man einen Sack.*
E. Pausewang	

Steigt das Büblein ...

Steigt das Büblein auf den Baum,	*Linke Hand mit gespreizten Fingern,*
ei, wie hoch, man sieht es kaum.	*Zeige- und Mittelfinger der rechten krabbeln an ihr hoch.*
Schlüpft von Ast zu Ästchen,	*Rechter Zeigefinger hüpft von Finger zu Finger an der linken Hand.*
hüpft zum Vogelnestchen.	
Ui! da lacht es,	
hui! da kracht es –	*In die Hände klatschen.*
plumps, da liegt es unten.	*Beide Hände fallen auf die Beine herunter.*
Friedrich Güll	

Melodie: Helga Oberländer

Steigt das Büb-lein auf den Baum, ei, wie hoch, man sieht es kaum!
Schlüpft von Ast zu Äst-chen, hüpft zum Vo-gel-nest-chen.
Ui! Da lacht es. Hui! Da kracht es. Plumps, da liegt es un-ten.

Aus. *Quintenstimmungslieder im Jahreslauf. Sommer,* Lebensgemeinschaft Höhenberg/Velden 1993

In der Hecke ...

In der Hecke, auf dem Ästchen,
baut ein Vöglein sich ein Nestchen.

Legt hinein fünf Eierlein,

schlüpfen draus fünf Vögelein.
Zwitschern lustig, piep, piep, piep,
Mütterlein, ich hab dich lieb.

*Linke Hand mit gespreizten Fingern.
Finger der rechten Hand bewegen sich leicht
wie die Flügel eines Vogels auf die linke zu.
Diese verwandelt sich in eine Hohlhand.
Fünfmal legen Daumen und Zeigefinger Eier
hinein.
Daumen und Zeigefinger der Rechten bilden
den Schnabel eines Vogels, der sich auf und ab
bewegt.*

Die kleine Maus ...

In unserem Haus
wohnt eine winzig kleine Maus.

Sie geht über Tisch und Bänke,
in die Schuh und in die Schränke.

Sie nascht am Käse und am Brot,
schleckt am Kuchen trotz Verbot.
Sie knabbert einfach alles an,
geht an unsre liebsten Sachen dran.

Sie huschelt hier und huschelt dort,
und wenn wir sie suchen,
ei, da ist sie fort.

Christel Dhom

*Fingerspitzen der rechten und der linken Hand
berühren sich und bilden eine Dachspitze.
Daumen, Mittel- und Ringfinger der rechten
Hand berühren sich und bilden das Schnäuz-
chen, während Zeige- und kleiner Finger als
Ohren hochstehen.*

*Zeige- und Ringfinger machen Krabbelbewe-
gungen – über die flache linke Hand und über
die Hohlhand.
Daumen, Mittel- und Ringfinger der rechten
Hand berühren sich und bilden das Schnäuzchen, während Zeigefinger und kleiner Finger
als Ohren hochstehen. Das ‹Schnäuzchen› geht
auf und zu und knabbert an der linken Hand,
am Pullover, vielleicht auch am Nachbarn.
Mit den Fingerspitzen auf der Tischplatte Geräusche machen, einmal links, einmal rechts,
und plötzlich verschwinden beide Hände hinter
dem Rücken.*

Meine Hände sind verschwunden

Überliefert

Mei-ne Hän-de sind ver-schwun-den,
ich ha-be kei-ne Hän-de mehr!
Ei, da sind die Hän-de wie-der
tral - la - la - la - la!

(Meine Augen, Ohren, Nase, mein Mund usw.)

Die Hände verschwinden hinter dem Rücken, alle anderen Körperteile werden mit den Händen zugedeckt.

Fünf Fingerlein ...

An jeder Hand hab ich fünf Fingerlein,
die sollen heute meine Blumen sein.
Der Daumen dick und rund,
wie der Löwenzahn im Wiesengrund.
Der Zeigefinger schlank und groß,
wird das Veilchen im grünen Moos.
Der Mittelfinger ist der Längste,
ähnlich der Sonnenblume – denkste!
Der Ringfinger mir wichtig ist,
auch das hellblaue Vergissmeinnicht.
Und das kleine Fingerlein
soll das Gänseblümchen sein.
An jeder Hand hab ich fünf Fingerlein,
die durften heute meine Blumen sein.

Christel Dhom

Beide Hände mit zehn Fingern zeigen.

Mit der linken Hand auf den rechten Daumen zeigen,
– auf den rechten Zeigefinger deuten

– den Mittelfinger zeigen

– den rechten Ringfinger zeigen

– den kleinen Finger zeigen.

Aus der geschlossenen rechten Faust strecken sich nach und nach alle fünf Finger.

Im Wald auf einem großen Stein ...

Im Wald auf einem großen Stein	*Mit beiden Händen und Armen einen großen Stein in die Luft zeichnen.*
Sitzen zwei Zwerge, ganz allein.	*Fäuste mit hochgestrecktem Daumen.*
Der eine heißt Schamützel,	*Erst mit dem einen Daumen wackeln*
Der andere Kakützel.	*und dann mit dem anderen.*
Schamützel und Kakützel sind zwei Brüderlein	*Erst den einen, dann den anderen Daumen anheben und anschauen.*
Und sollen heute artig sein.	*Erhobener Zeigefinger, strenger Blick.*
Das haben sie jedoch bald vergessen,	*Der eine Daumen schiebt den anderen zur Seite*
Sie knuffen und puffen sich stattdessen.	*und umgekehrt.*
Durchs Dickicht kommt der große Bär.	*Mit den Handflächen im Wechsel auf die Oberschenkel patschen.*
Oh, sie fürchten sich gar sehr!	*Die Schultern hochziehen und die Fäuste mit den gestreckten Daumen vors Gesicht halten.*
Sie fangen an zu jammern,	*Jammergeräusch machen.*
Sich ängstlich zu umklammern.	*Fäuste aneinander drücken und Daumen überkreuzen.*
Wie gut, wenn man einen Bruder hat, denkt Schamützel,	*Die eine Faust mit dem hochgehaltenen Daumen hervorheben und anschauen.*
Ich gebe auf uns beide Acht, sagt Kakützel.	*Jetzt die andere Faust.*
Der Bär trabt seiner Höhle zu,	*Mit den Handflächen im Wechsel auf die Oberschenkel patschen.*
Und beide Brüder haben Ruh.	*Daumen nicken sich zu.*

Christel Dhom

Piet und Jan

Da kommen zwei Matrosen an,	*Auf den Nägeln der Zeigefinger klebt jeweils ein Stückchen Papier.*
	Mit allen Fingern, außer den Daumen, flach auf den Tisch klopfen
der eine heißt Piet,	*Erst mit dem einen Zeigefinger,*
der andere heißt Jan.	*dann mit dem anderen auf den Tisch klopfen.*
Weg, Piet!	*Die eine Hand geht hoch über den Kopf. Zurück kommen nur noch drei Finger. Der Zeigefinger mit dem Aufkleber wird umgeknickt.*
Weg, Jan!	*Genau wie oben beschrieben mit dem anderen Zeigefinger.*
Da kommen sie beide wieder an.	*Wieder gehen beide Hände hoch über den Kopf, und jetzt kommen alle Finger wieder zurück.*

Volksgut

Kaspertheater

(Der Vorhang geht auf.)

Guten Tag, meine Damen!
Guten Tag, meine Herren!
Habt ihr auch alle den Kasper gern?
(abwarten, bis die Kinder geantwortet haben)
Da hol ich mir den Seppel gleich,
Wir machen oft einen lustigen Streich.
Wir schlagen uns und vertragen uns.
Da kommt die Hexe Huckebein
Und sagt: Jetzt sollst du verzaubert sein.
Nein, Hexe, nein, da wird nichts draus!
Fort mit dir ins Hexenhaus!
Da kommt ein großes Krokodil,

Das frisst ganz viel
Und hat den Kasper halb verschluckt.

Der ruckelt und zuckelt und – ei der Daus –
Er zappelt wirklich wieder raus.
Jetzt schickt er das böse Krokodil
Schnell fort zum fernen Nil.
Der Kasper geht zur Gretel heim
Und kann mit ihr jetzt lustig sein.
(singen) Tri, tra, trulala

mündlich überliefert

Die gestreckten Handflächen liegen aufeinander und öffnen sich nach rechts und links.
Der ausgestreckte Zeigefinger der rechten Hand ist der Kasper. Er verneigt sich einmal vor den Damen und einmal vor den Herren.

Gestreckter Zeigefinger der linken Hand gesellt sich dazu.
Die Zeigefinger klopfen überkreuz aufeinander.
Der linke Zeigefinger wird gebogen und ist die Hexe.
Der rechte Zeigefinger in Drohgebärde gegenüber der Hexe.

Der Daumen der linken Hand steht den Fingern gegenüber, sodass das Maul eines Krokodils angedeutet wird.
Das «Maul» geht auf und zu.
Zeigefinger der rechten Hand kommt zwischen Daumen und Finger der linken.
Der Zeigefinger ruckt hin und her und befreit sich aus der linken Hand.
Mit dem rechten Zeigefinger das Krokodil fortschicken.
Ausgestreckter Zeigefinger der rechten Hand bewegt sich auf den ausgestreckten Zeigefinger der linken Hand zu, beide tanzen umeinander.

Puppentheater und Puppenspiele mit Figuren aus Märchenwolle

Puppentheater und Puppenspiele haben ihren Platz im Kindergarten- und Grundschulalter. Sie sind sehr beliebt bei Groß und Klein. Es gibt viele Möglichkeiten, sie Kindern nahe zu bringen, zum Beispiel:
- am Nachmittag zu Hause
- wenn gerade einmal Langeweile herrscht
- zum Geburtstag der Großmutter
- zum Jubiläum oder der Verabschiedung einer Kollegin in Kindergarten oder Schule
- als Höhepunkt eines Jahresfestes (Johannifest, Laternenfest)
- zum Kindergeburtstag
- wenn ein Kind krank ist und sich bereits auf dem Weg der Besserung befindet
- zum Abschluss eines Kindergarten- oder Schuljahres
- zur Begrüßung einer neuen Klasse.

Man beginnt mit einfachen, kleinen Spielen, beispielsweise «Der Igel» (s. S. 40 f.). Text und Bühnenausstattung werden mit zunehmendem Alter anspruchsvoller, sodass auch noch Schulkinder an Spielen wie «Die Geschichte vom Fingerhütchen» (s. S. 78 ff.) Interesse finden. Schön ist es, wenn die Kinder die entsprechenden Figuren zum Nachspielen zur Verfügung haben. Die Figuren können für die Kinder, aber auch mit ihnen zusammen nach den in diesem Buch beschriebenen Anleitungen hergestellt werden.

Puppenspiele können den Kindern sowohl zu Hause als auch in Kindergarten und Schule vorgeführt werden. Im Vorschulalter sollten die Spiele häufig wiederholt werden, um dem Kind die Möglichkeit zu geben, durch die Nachahmung seinen passiven Wortschatz nach und nach in einen aktiven zu verwandeln. In Waldorfeinrichtungen ist es deshalb üblich, ein und dasselbe Puppenspiel zwei bis vier Wochen lang zu spielen – oder ein bestimmtes Puppenspiel über Jahre hinweg zu einem Fest vorzuspielen, zum Beispiel «Die Geschichte vom Fingerhütchen» zum Sommerfest, «Im Jägerhaus» zum Adventsbasar. Wiederholungen im Rhythmus eines Jahres sind ebenso wichtig und beliebt wie die innerhalb eines Tages oder einer Woche. Oft sind Aussagen von Kindern zu hören wie: «... und am Laternenfest ist wieder ...» Kinder erleben durch die rhythmischen Wiederholungen Sicherheit und Verlässlichkeit.

Haben die Kinder ein Puppenspiel gesehen, so können sie schon bald beim Führen der Figuren mithelfen, während der Erwachsene den Text spricht. Nach einigen Wiederholungen sind sie in der Lage, das Puppenspiel selbstständig zu spielen. So können beispielsweise die Kinder einer dritten Klasse Figuren, Kulisse und Text einer Geschichte erarbeiten, um es dann zur Begrüßung der ersten Klasse aufzuführen.

Bevor man mit dem Herstellen der Figuren aus Märchenwolle und dem Aufbau eines Spieles beginnt, gibt es noch einiges zum Material und zum Spielen zu bedenken.

Gedanken zu Material und Herstellung der Spielfiguren

Was man über Schafwolle wissen sollte

Wenn wir uns ein ungesponnenes Wollhaar um ein Vielfaches vergrößert anschauen, so sehen wir viele kleine Schüppchen, die versetzt angeordnet sind, ähnlich wie bei einem Tannenzapfen. Da die einzelnen Wollfädchen in unterschiedlichen Richtungen aufeinander liegen, verhaken sich die Schüppchen der Wollfäden ineinander.

Wirken nun Wärme, Kälte und Feuchtigkeit auf die Wolle ein, beginnt diese zu schrumpfen, und die Wollfäden verbinden sich somit noch fester miteinander. Der Effekt des Filzens entsteht. Diese beiden Eigenschaften machen wir uns beim Gestalten mit Märchenwolle zunutze. Reiben wir die Wolle zwischen den angefeuchteten Fingern, dann erreichen wir einen ähnlichen Effekt wie beim Filzen. Auch das ist eine Methode, um Haltbarkeit und Stabilität zu erreichen.

Märchenwolle bekommen wir als Wolle im Band gekämmt (langfaserige Wolle) oder als Wolle in der Flocke oder Wolle im Vlies (kurzfaserige Wolle) zu kaufen. Wenn wir dem Band oder der Flocke einen Teil Wolle entnehmen, benutzen wir keine Schere, sondern zupfen mit den Fingern. Geschnittene Wolle lässt sich nur schwer wieder verarbeiten, da sie an Spannkraft verloren hat. Es wären auch die weichen, zarten und lebendigen Formen in Mitleidenschaft gezogen. Nur in ganz wenigen Ausnahmen, z.B. beim Gestalten eines Vogelschnäbelchens, greifen wir zur Schere.

Damit unsere liebevoll gestalteten Figuren eine längere Lebenserwartung haben, sprühen wir sie zum Schluss, wenn wir mit der Form zufrieden sind, mit Haarspray ein. Dies gibt ihnen einen besseren Halt und weist ein wenig den Staub ab.

Zum Aufbewahren der Wolle oder fertiger Figuren eignen sich Plastiktüten oder Säcke. Sie schützen nach meiner Erfahrung am besten ge-

Wolle in der Flocke, gewaschen und gekämmt

Wolle im Band

Pflanzengefärbte Wolle

gen Motten. Wer ganz sicher gehen will, kann einige Tropfen Lavendel- oder Zedernöl auf einen Wollebausch geben und diesen mit in die Tüte legen. Sollten dennoch einmal Motten ihre Eier abgelegt haben, hilft noch ein Gefrierschrank. Man kann Figur oder Wolle, in einer Tüte verpackt, ein bis zwei Tage in den Gefrierschrank legen und somit das Gelege unschädlich machen.

Ausdrucksmöglichkeiten durch die Farben

Nicht nur Form und Größe einer Figur, sondern auch die Farbe bestimmen ihre Ausstrahlung. Wir können damit andeuten, ob es sich um eine junge oder eine alte Person handelt, ob es um etwas Kaltes oder Feuriges geht, welches Temperament eine Person hat, in welcher Jahreszeit die Geschichte sich zugetragen hat usw.

Bevor wir uns für eine Farbe entscheiden, müssen wir uns also überlegen, was wir überhaupt ausdrücken wollen, was uns wichtig ist, was typisch für die Gestalt ist. Mit dunklen Farben können wir das Alter, die Erdverbundenheit, wie bei den Zwergen und Schäfern, aber auch den Herbst darstellen. Mit hellen Farben drücken wir die Jugend und die Leichtigkeit sowie den Frühling aus. Warme Farben, wie rot, braun oder goldgelb, ermöglichen uns, Herzenswärme auszudrücken, im Gegensatz zu den kalten Farben, z. B. blau und giftgrün.

Je stärker wir uns mit unserer Farbwahl dem Wesentlichen einer Figur annähern, desto ausdrucksvoller wird sie sein und desto eher erkennt der Betrachter die Gestalt und die dazugehörige Geschichte. Dabei sind sogar Farbnuancen von Bedeutung und sollten sorgfältig ausgewählt werden.

Ausdrucksmöglichkeiten durch Proportionen und Formen

Auch durch die Proportionen und Formen einer Figur können wir etwas über das Wesen zum Ausdruck bringen. So zum Beispiel haben Kinder größere Köpfe als Erwachsene, Zwerge kürzere Beine als Menschen und gehen etwas gebeugter, jüngere und temperamentvolle Wesen sind eher schlank usw.

Es ist sehr schwierig, hierzu Größenangaben in Zentimetern zu machen – unsere eigene Empfindungs- und Beobachtungsgabe spielen dabei nämlich eine nicht unbedeutende Rolle. Grundsätzlich ist es sicher hilfreich, wenn wir uns am Lebendigen orientieren, d.h. uns unsere Vorlagen in der Natur suchen. Bevor wir aus Wolle ein Schäfchen gestalten, schauen wir uns ein echtes Schaf auf der Wiese an und beobachten typische äußere Merkmale: Wie sind die Ohren, die Beine, der Schwanz?

Oft sind es nur Millimeter an Höhe, Länge oder Breite, die im Verhältnis zueinander das Typische einer Figur ausdrücken – egal, ob es sich um eine menschliche Gestalt oder ein Tier handelt. Kopf-, Rumpf-, Arm- und Beinlänge müssen gut aufeinander abgestimmt sein. Es lohnt sich, dafür Zeit und Mühe zu investieren.

Proportionen und Farben hängen auch von unserer eigenen Konstitution ab. Kräftige Menschen neigen dazu, kräftige Figuren zu gestalten, schlanke Menschen neigen eher zu schlanken Figuren. Oft fällt es uns sehr schwer, entgegen der eigenen Veranlagung eine Figur zu formen. Grundsätzlich ist es aber wichtig, dass uns selbst das Ergebnis gefällt und wir damit zufrieden sind.

Unsere jeweilige Stimmung fließt beim Gestalten ebenfalls mit ein. Wenn wir eine Figur mehrmals herstellen, wird sie jedes Mal anders aussehen. Das darf sie auch, schließlich wollen wir keine Fließbandarbeit oder Meterware gestalten. Es wird deutlich, dass zwischen der ersten Figur und einer folgenden ein Stück persönlicher Entwicklung liegt. Aber gerade dies ist ja das Individuelle, das beim Künstlerischen zum Ausdruck kommt.

Benötigtes Material

Es ist gut, wenn man Nähnadeln, lange Stopfnadeln und eine Schere bei allen Arbeiten bereithält. Zum Abbinden eignet sich am besten farbiger Zwirn, denn er ist fester als Nähgarn und reißt nicht so schnell. Manchmal muss mit ein paar Stichen etwas festgenäht werden. Hierfür verwenden wir Nähgarne aus Baumwolle in den Farben der Märchenwolle.

Sowohl Wolle in der Flocke als auch Wolle im Band sollten wir in mehreren Grundfarben vorrätig haben. Zum besseren farbigen Ausgestalten sind sogar unterschiedliche Nuancen in einer Farbe notwendig. Märchenwolle ist als konventionelle, naturgefärbte Wolle mit begrenzter Farbwahl oder als pflanzengefärbte Wolle erhältlich. Chemisch gefärbte Wolle ist von den Gestaltungsmöglichkeiten her genauso zu verwenden wie pflanzengefärbte. Letztere fühlt sich jedoch etwas weicher an und hat eine größere Wirkung auf unser seelisches Empfinden. Von daher sollte man sie der chemisch gefärbten Wolle vorziehen.

Für manche Tiere wird ein Drahtunterbau benötigt. Dafür benutzen wir Pfeifenputzer. Diese sind haltbarer und stabiler als Biegeplüsch und deshalb besonders geeignet. Pfeifenputzer sind in Tabakgeschäften erhältlich. Ihre Farben spielen keine Rolle, da sie meistens mit Wolle umwickelt werden.

Praktische Hinweise zum Puppenspiel

Alle Mütter, Väter, Erzieherinnen und Grundschullehrerinnen sollen durch das Buch ermutigt werden, das Puppentheater-Spielen zu probieren. Dafür eignen sich die Spiele, die hier an den Anfang gestellt worden sind. Sie können für ein oder zwei Kinder in der Familie, im Wohnzimmer oder im Kinderzimmer, auf den Knien oder einer Tischkante gespielt werden. Wichtig ist, einfach einmal anzufangen und Erfahrungen zu sammeln. Mit der Zeit gewinnt man eine gewisse Sicherheit, die es ermöglicht, dann auch vor einer größeren Gruppe zu spielen.

Im Folgenden geben wir noch einige Empfehlungen, die das Theaterspielen eventuell erleichtern.

Das Erzählen und Führen der Figuren

In besonderer Weise werden wir zum Sprachvorbild der Kinder, wenn wir ein Puppenspiel frei erzählen. Die nicht alltägliche Situation lässt die Kinder zu sehr aufmerksamen Beobachtern und Nachahmern werden. Deshalb ist es wichtig, dass sich die Spieler und Sprecher große Mühe in der Vorbereitung und der Durchführung geben.

Die Geschichte erzählt man am besten auswendig; sie vorzulesen sollte man möglichst vermeiden. Das freie Erzählen erfordert eine gewisse Konzentration auf den Inhalt und lässt keine abschweifenden Gedanken zu, wie dies beim Vorlesen durchaus sein kann. Sind Spieler und Erzähler identisch, wie das bei den meisten Spielen in diesem Buch möglich ist, bleibt ohnehin keine andere Wahl. Während des Erzählens kann man sowohl das Verhalten der Kinder als auch ihre Reaktionen besser berücksichtigen und auf die Bewegungen der Figuren achten. Soll die Geschichte vorgelesen werden, ist neben dem Spieler eine weitere Person erforderlich.

Damit der Inhalt von den Kindern erfasst werden kann, muss man langsam und deutlich sprechen. Durch verschiedene Sprechtempi, lautes und leises Sprechen oder kleine Sprechpausen vor einer Aktivität haben wir die Möglichkeit, eine angemessene Spannung aufzubauen. Sie darf niemals beängstigen, aber auch nicht langweilen. Der Text muss entsprechend vom Erzähler oder Vorleser bearbeitet und geübt werden.

Das Sprechen des Textes sollte der entsprechenden Bewegung der Figur immer ein wenig vorausgehen. Die Figuren werden durch die Hände des Spielers so bewegt, dass sie dadurch nicht verdeckt, sondern vom Zuschauer aus gut zu sehen sind. Sie werden mit der ganzen Hand oder mit Daumen und Zeigefinger des Spielers unterhalb der Arme umschlossen. Es finden auch keine hastigen Bewegungen, große Sprünge, überaus hüpfendes Gehen oder Ähnliches statt. Vielmehr bemühen wir uns um ein Gleiten oder Schreiten der Figuren mit dezenten Andeutungen der Bewegung. Diese werden vom Blick des Spielers begleitet.

Bevor ein Spiel vor einer großen Gruppe zur Aufführung kommt, sollten mehrere Proben vorausgegangen sein. Viele Einzelheiten werden sich dabei klären.

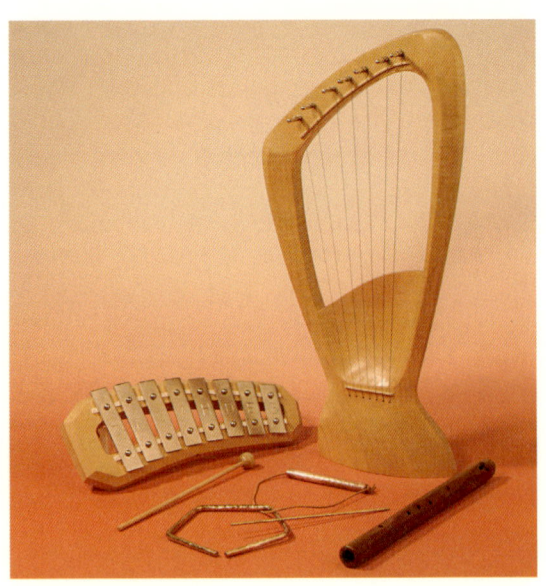

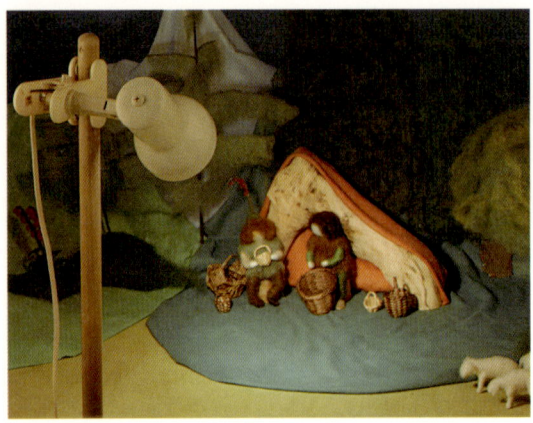

Die Beleuchtung

Spielt man ein Puppentheater vor einigen Kindern oder sogar einer Schulklasse, einer Geburtstagsgesellschaft oder einer Kindergartengruppe, ist es zu empfehlen, dies in einem abgedunkelten Raum zu tun. Die kleinen Zuschauer werden so weniger von anderen Dingen abgelenkt und können sich besser konzentrieren. Selbstverständlich ist dann eine Beleuchtung für das Spiel notwendig. Dies kann eine einfache Klemmlampe an einem Besenstiel oder eine Stehlampe mit einem Strahler sein. Ein Dimmer ist notwendig, um die Lichtstärke zu regulieren.

Für das Bedienen der Beleuchtung wird eine weitere Person gebraucht. Ältere Kinder übernehmen gerne eine solche Aufgabe.

Die Begleitmusik

Zur Abrundung eines Puppentheaters erklingt am Anfang und Ende des Stücks eine Melodie auf einem Instrument. Es kann dies eine selbst gefundene Melodie auf einem pentatonischen Instrument sein wie der Kinderharfe, der Choroiflöte oder einem Glockenspiel. Pentatonische Instrumente sind sehr leicht zu spielen, da jeder Ton in jeder Kombination harmonisch erklingt. Lieder, in denen der Aufgang der Sonne besungen wird, eignen sich ebenfalls für den Anfang eines Spiels, Gute-Nacht-Lieder eignen sich für den Schluss.

Durch die Musik erfahren die Kinder ohne Worte: «Jetzt geht es gleich los», und sie werden in einer schönen Weise auf das Spiel eingestimmt. Meist ist es dann gar nicht mehr nötig, die Zuschauer darauf hinzuweisen, dass sie jetzt still sein sollen.

Wenn während des Spiels eine Figur eine längere Wegstrecke zu bewältigen hat oder die Handlung eine kleine Pause erforderlich macht, lässt sich das gut mit etwas Musik überbrücken und ausfüllen. Auch der Text kann durch einzelne Töne unterstrichen werden, so zum Beispiel das Rauschen des Windes oder das Plätschern eines Baches, das Ertönen eines Glöck-

Lied der Sonne

Text: Christian Morgenstern / Melodie: Alois Künstler

Ich bin die Mutter Sonne und trage die Erde bei Nacht, die Erde bei Tage. Ich halte sie fest und strahle sie an, dass alles auf ihr wachsen kann. Stein und Blume, Mensch und Tier, alles empfängt sein Licht von mir. Tu auf dein Herz wie ein Becherlein, denn ich will leuchten auch dort hinein! Tu auf dein Herzlein, liebes Kind, dass wir ein Licht zusammen sind.

Aus: *Das Brünnlein singt und saget*, Edition Bingenheim [11]2000

chens, der Ruf eines Vogels usw. Meist kommen die Ideen dafür während der Proben.

Am Ende ist dann wieder eine kleine Melodie zu hören. Währenddessen wird das ganze Spiel mit einem großen gelben oder hellblauen Tuch aus Chiffonseide zugedeckt. Für alle Zuschauer ist deutlich, dass nun der Schluss gekommen ist. Entsprechend wird auch zu Beginn des Spiels das Seidentuch während des Musikspiels vorsichtig von der Bühne heruntergenommen. Das leicht durchsichtige Tuch erfüllt den Zweck eines Bühnenvorhangs und trägt zu einer angemessenen Steigerung von Neugier und Spannung bei.

Spielt man ein größeres Spiel vor einer Gruppe zu einem Fest, können sich die Zuschauer mit dem Lied «Wir haben ein goldenes Band», Seite 38, vor der Tür des Raumes versammeln, um dann gemeinsam einzuziehen. Danach sollte die Tür geschlossen werden. Störungen durch das Zuspätkommen weiterer Zuschauer sollten möglichst vermieden werden, da alle Beteiligten gleichermaßen darunter leiden würden.

Sind die kleinen Zuschauer vor Beginn der Aufführung sehr unruhig, empfiehlt es sich, ein Bewegungsspiel am Sitzplatz anzubieten.

Es ist auch möglich, zu Beginn und am Ende des Spiels mit den Kindern ein bekanntes Lied zu singen, das zur Jahreszeit, zur Tageszeit oder zum Inhalt des Spiels einen Bezug hat. Beispiele sind an den entsprechenden Stellen abgedruckt.

Text und Melodie: L. Henning

Aus: *Neue Kinderlieder aus dem Waldorfkindergarten Berlin*

Der Sommer nimmt das Band und zieht es in sein Land;
da leuchtet hell der Sonnenschein im Gras viel tausend Blümelein.

Wir ziehen Hand in Hand wohl in des Sommers Land;
bei Sonnenschein und Blumenblühn, da woll'n wir alle tanzen gehn.

Bewegungslied: Hampelmann

Überliefert

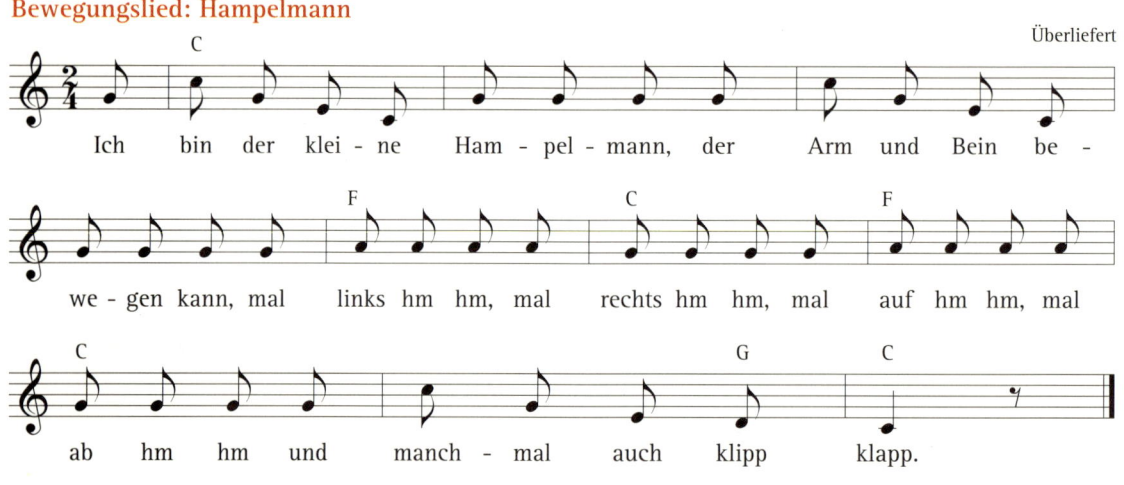

Man hängt mich einfach an die Wand
und zieht an einem langen Band,
mal links, ...

Ich mache stets ein froh Gesicht,
das Lachen, das vergeht mir nicht,
mal links, ...

Mein Kopf, der ist so müd und schwer
vom vielen Hampeln hin und her,
mal links, ...

Und kommt für mich die Schlafenszeit,
dann bin ich armer Mann befreit,
mal links, ...

Bühne und Kulisse

Für die Bühne benötigt man Spielflächen in unterschiedlichen Größen. Sehr wahrscheinlich werden sie nicht in jedem Haushalt oder in jeder Einrichtung in der jeweiligen Größe vorrätig sein. Wenn man sich nicht mit den gegebenen Umständen arrangieren will, kann man sich beim Schreiner eine Sperrholzplatte im benötigten Format anfertigen lassen. Sie lässt sich auf zwei Holzböcken oder einem kleineren Tisch zur Bühne verwandeln.

Bei allen Spielen benutzen wir verschiedenfarbige Baumwoll- und/oder Seidentücher. Sie können als Stoff am laufenden Meter selbst gefärbt oder auch fertig gekauft werden. Die Baumwolltücher werden gebügelt, mit Stecknadeln am Untergrund, dem blauen Tuch, befestigt, damit sie nicht verrutschen. Die Figuren sind einfacher über eine glatte Fläche zu führen; allerdings sehen leichte Wellen schöner aus. Jeder möge selbst ausprobieren, wie er am besten zurechtkommt. Darüber hinaus werden Steine, Wurzeln, Aststücke und vieles andere gebraucht. Im Einzelnen sind jede Bühne und die dazugehörigen Utensilien bei dem jeweiligen Puppenspiel beschrieben.

Spielt man ein größeres Stück vor einer Gruppe, wird der Tisch zuerst mit einem blauen Baumwolltuch, das vorher sorgfältig gebügelt wurde, bedeckt. Dadurch sind Füße und Beine des Spielers nicht zu sehen, und es entsteht ein schöner Anblick der Bühne. Bei kleineren Spielen ist dies jedoch nicht erforderlich.

Danach werden die in dem jeweiligen Spiel erforderlichen Holzgestelle für die Hintergrundkulisse aufgestellt, gegebenenfalls mit Schraubzwingen am Tisch befestigt und mit Tüchern bedeckt. Nun wird die Spielfläche mit Tüchern in den benötigten Farben ausgelegt. Schließlich können Häuser, Bäume, Figuren und Ähnliches auf der Bühne arrangiert werden.

Ein größeres Spiel aufzubauen dauert etwa 1 bis 1 1/2 Stunden. Möglichst sollten sich alle Menschen daran beteiligen, die auch für die Aufführung benötigt werden, zum Beispiel zwei Personen zum Führen der Figuren – wobei einer davon den Text sprechen könnte –, eine, die die Instrumente spielt, und eine, die die Beleuchtung übernimmt. Vor der Aufführung sollten wenigstens drei Proben stattgefunden haben.

Bei kleineren Puppenspielen ist zu empfehlen, den Kindern für ihr nachahmendes Spiel die Figuren zur Verfügung zu stellen. Sie werden versuchen, eine ähnliche Bühne nachzubauen und das für sie selbst Wesentliche aus der Geschichte zu wiederholen. Je öfter die Kinder ein Spiel gesehen haben, desto besser werden sie sich erinnern und desto mehr werden sie davon wiedergeben können. Dies ist natürlich auch vom Alter der Kinder abhängig; es kann aber durchaus sein, dass bei einem kleineren Kind eine Aufführung erst wochenlang ruht, bis sie in ein aktives Spiel umgesetzt wird.

Für das Aufbewahren der Utensilien eignen sich Schuhkartons, die man entsprechend ihrem Inhalt beschriftet. Die Wollpuppen sollten zum Schutz vor Mottenfraß erst in Plastiktüten und dann im Karton verpackt werden.

Der Igel

Mäuschen

Material:
- graue Wolle in der Flocke
- flüssige Seife, je eine Schüssel mit kaltem und heißem Wasser
- Schaumlöffel
- schwarzes Stickgarn
- Nähzeug

Anleitung:
Zunächst filzen wir aus grauer Wolle eine Kugel von ca. 3 cm Durchmesser. Die feste Wollkugel tauchen wir in heißes Wasser, holen sie mit einem Schaumlöffel heraus und umgeben sie mit flüssiger Seife. Zwischen den Fingerspitzen reiben wir die Wolle eine ganze Weile. Dann tauchen wir die Kugel zuerst in heißes Wasser und dann in kaltes. Erneut umgeben wir sie sparsam mit Seife und wiederholen den Vorgang so lange, bis sich die Wollfäden miteinander verbunden haben.

Während des Filzens arbeiten wir eine Seite flach (Bauch der Maus), sodass wir mehr oder weniger eine Halbkugel haben. Nun wird für das Schnäuzchen eine spitze Seite und für das Hinterteil eine abgerundete Seite geformt. Ein dünnes Wollstreifchen filzen wir für den Schwanz; mit einer Nadel ziehen wir es in den Mäusekörper. Für die Ohren ziehen wir mit einer Nadel ein dünnes Wollfädchen durch den Kopf, schneiden kleine Öhrchen daraus und filzen sie ein wenig. Wenn nötig, schneiden wir sie nochmals mit einer Schere in Form. Mit schwarzem Garn sticken wir noch zwei Augen und ein Schnäuzchen.

Igel

Material:
- weiße Wolle in der Flocke
- dunkelbraune Wolle in der Flocke
- flüssige Seife
- schwarzes Stickgarn
- Nähzeug

Anleitung:
Aus weißer Wolle in der Flocke filzen wir – in gleicher Weise wie beim Mäuschen – eine Kugel von ca. 5 – 6 cm Durchmesser, wobei die letzte Schicht des Körpers mit dunkelbrauner Wolle gefilzt wird. Das Schnäuzchen bleibt weiß. Während des Filzens drücken wir eine Seite der Kugel flach, damit der Igel später darauf stehen kann. Jetzt muss die Filzkugel auf der flachen Seite liegend einige Stunden trocknen. Für die Stacheln des Igels fädeln wir in eine Stopfnadel dünne Streifchen brauner Wolle. Diese ziehen wir dann im Abstand von ca. 1 cm durch den Igelkörper und lassen jeweils zwei Enden als

Stachel herausstehen. Dort, wo der Igel sein Gesicht hat, werden natürlich keine Wollfäden durchgezogen. Wenn nötig, schneiden wir die Stacheln spitz und drehen jeden einzelnen zwischen unseren angefeuchteten Fingern.

Zum Schluss sticken wir mit schwarzem Garn zwei Augen und ein Schnäuzchen. Die typische Igelform erreichen wir, indem das gestickte Igelschnäuzchen mit den Fingern aus der Wollkugel herausgezogen wird.

Bühnenaufbau

Ein erdbraunes oder dunkelgrünes Tuch liegt lose auf einem Tisch. Darauf ist getrocknetes Laub verteilt. Vom Zuschauer aus gesehen auf der rechten Seite ist unter dem Laub ein Mäuschen versteckt. Der Igel sitzt auf der linken Seite.

Text des Spiels «Der Igel»

Läuft ein Igel, pitzepitz,
scharf die Zähnchen, Stacheln spitz.
Igel, Igel, wo soll's hin?
Bringt das Laufen dir Gewinn?
Pfötchen machen pitzepitz,
Äuglein huschen wie der Blitz.
Rings ist alles still und taub.
Horch – da raschelt's unterm Laub.
Igelchen macht einen Satz,
greift das Mäuschen: Pitz, pitz, patz!

Russischer Volksreim

Spielanleitung:

Igel mit der rechten Hand auf dem Tuch hin und her bewegen. Schnäuzchen hochstrecken. Igel mit der rechten Hand mal langsam, mal etwas schneller von einer Seite zur anderen «laufen» lassen.

Innehalten und einen Moment unbewegt und still sein. Mit Laub rascheln.
Igel macht einen Hüpfer zum Mäuschen, das jetzt sichtbar wird.

Schnecke und Häschen

Benötigte Figuren

- zwei Häschen
- eine Schnecke

Schnecke

Material:

- zwei Farbtöne, rosarot oder naturbraun, Wolle in der Flocke
- Nähzeug

Anleitung:
Für den Körper der Schnecke nehmen wir ein ca. 20 cm langes, nicht so dickes Wollstück im hellen Farbton und wickeln es um die vier Finger einer Hand. Dann streifen wir es ab und umwickeln es der Länge nach mit der gleichen Wolle.

Für das Schneckenhaus nehmen wir ebenfalls ein ca. 20 cm langes Stück Wolle in der dunkleren Farbe und einen Hauch der helleren Farbe. Wir rollen es als Schneckenhaus auf und nähen es mit wenigen Stichen zusammen und dann auf dem Rücken der Schnecke fest.

Die Fühler der Schnecke sind aus einem Fädchen, das wir mit einer Nadel am Kopf durchziehen und jeweils am Ende mit einem Knoten versehen.

Häschen

Material:

- weiße oder braune Wolle in der Flocke
- zartrosa Wolle in der Flocke
- flüssige Seife
- Nähzeug

Anleitung:
Wir nehmen ein ca. 50 cm langes Band weißer Wolle aus der Flocke und wickeln es um die vier Finger einer Hand. Dann wird die Wolle vorsichtig von den Fingern genommen und in der Mitte fest abgebunden. Jeweils an den Enden wird die Wolle aufgeschnitten, sodass ein Wollpompon entsteht. Diesen schneiden wir in Hasenform.

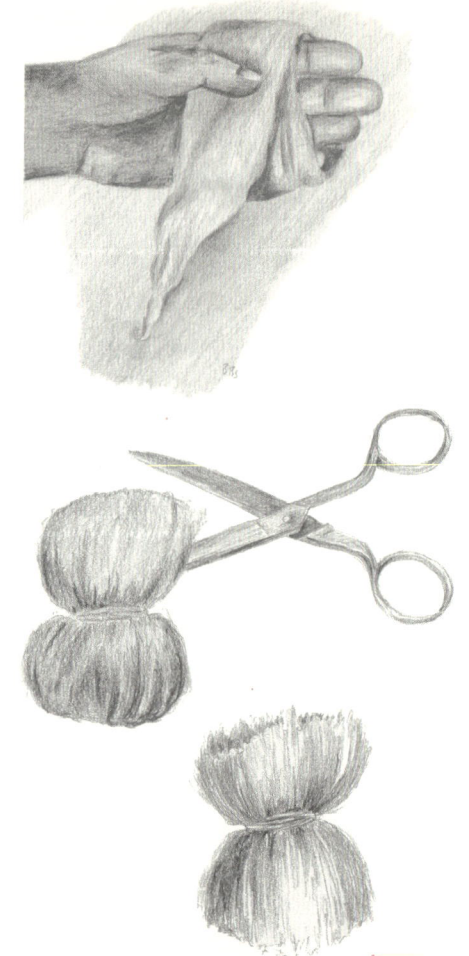

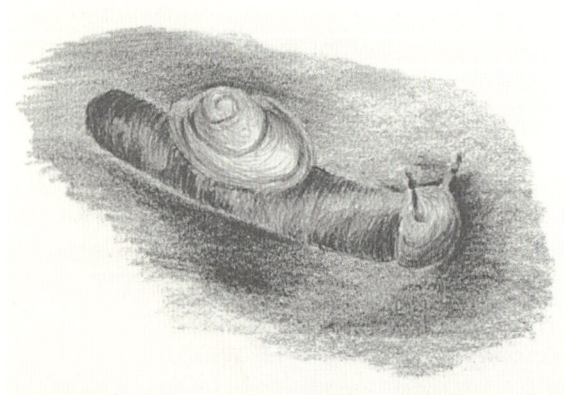

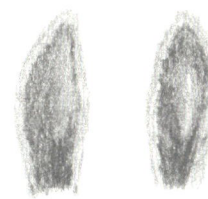

Aus der Filzplatte schneiden wir zwei Ohren, die wir am Häschen an der entsprechenden Stelle festnähen.

Für die Ohren nehmen wir ein flaches, ca. 10 x 10 cm großes Stück weißer Wolle und ein ebenso großes Stück rosa Wolle. Beide legen wir aufeinander, übergießen sie mit heißem Wasser und reiben sie mit flüssiger Seife ein. Jetzt reiben wir die Wolle so lange, bis eine Filzplatte entsteht. Vorsicht! Es dürfen beim Reiben keine Löcher entstehen. Notfalls müssen wir an diese Stellen nochmals etwas Wolle in der entsprechenden Farbe legen.

Bühnenaufbau

Die beiden Knie des Spielers können als «Bühne» benutzt werden. Darauf legen wir erst ein hellgrünes Tuch (Frühling), dann ein weißes Tuch (Winter), dann ein rotes Tuch (Sommer) und zum Schluss nochmals ein hellgrünes Tuch. Auf dem Tuch sitzt die Schnecke, und unter allen Tüchern halten wir die zwei Häschen versteckt. Die Kinder sitzen im Kreis um den Spieler herum.

Text des Spiels «Schnecke und Häschen»

Schnecke sitzt vor ihrem Haus,
Ruht sich aus.
Kommt ein Häslein angesprungen,
Hat die Ohren hochgeschwungen,
Ruckt und zuckt mit seinem Schwänzchen,
Schnecke, komm zu einem Tänzchen.
Schnecke gibt ihm den Bescheid:
Frühling ist nicht Tanzenszeit.
Müde, müde sind die Glieder,
Komme du im Sommer wieder.
Und das Häschen hüpft davon,
Freut sich auf den Sommer schon.

Spielanleitung:

Die rechte Hand des Spielers hält die Schnecke.

Die linke Hand führt das Häschen, das aus seinem Versteck angehoppelt kommt. Sprechen Schnecke oder Häschen, werden sie leicht bewegt, wobei die Schnecke sehr langsam und das Häschen deutlich schneller spricht. Am Ende des ersten Verses wird das grüne Tuch mit der linken Hand weggenommen und auf die Seite gelegt. Es erscheint das rote Tuch, auf dem jetzt die Schnecke sitzt.

Als der Sommer kommt ins Land, Sitzt die Schnecke unverwandt, Unbewegt vor ihrem Haus, Ruht sich aus. Kommt ein Häslein angesprungen, Hat die Ohren hochgeschwungen, Ruckt und zuckt mit seinem Schwänzchen, Schnecke, komm zu einem Tänzchen. Schnecke gibt ihm den Bescheid: Sommer ist nicht Tanzenszeit. Müde, müde sind die Glieder, Komme du im Winter wieder. Und das Häschen hüpft davon, Freut sich auf den Winter schon.	*Wie beim ersten Vers.* *Am Ende des zweiten Verses wird das rote Tuch weggenommen und auf die Seite gelegt; es erscheint ein weißes Tuch, auf dem die Schnecke dann sitzt.*
Als der Winter kommt ins Land, Sitzt die Schnecke unverwandt, Unbewegt vor ihrem Haus, Ruht sich aus. Kommt ein Häslein angesprungen, Hat die Ohren hochgeschwungen, Ruckt und zuckt mit seinem Schwänzchen, Schnecke, komm zu einem Tänzchen. Schnecke gibt ihm den Bescheid: Winter ist nicht Tanzenszeit. Müde, müde sind die Glieder, Komme du im Frühling wieder. Und das Häschen hüpft davon, Freut sich auf den Frühling schon.	*Wie beim ersten Vers.* *Nun wird das weiße Tuch auf die Seite gelegt, und ein grünes erscheint. Die Schnecke sitzt unbewegt darauf.*
Als der nächste Frühling kam, Häschen sich ein Häschen nahm. Beide sind sie fortgesprungen, Mit den Ohren hochgeschwungen, Rucken, zucken mit dem Schwänzchen, Tanzen ein vergnügtes Tänzchen! Und die Schnecke sitzt vorm Haus, Ruht und ruht und ruht sich aus.	*Erst erscheint ein Häschen, das von der linken Hand geführt wird, dann eines, das von der rechten Hand geführt wird. Während sich die beiden «tanzend» auf dem Tuch bis zum Ende des Textes bewegen, bleibt die Schnecke unbewegt auf ihrem Platz sitzen.*

Hedwig Diestel

45

Das Schnecklein und der Fuchs

Benötigte Figuren

- zwei gleiche Schnecken
- ein Fuchs
- Wiesenhügel
- Bäume

Schnecke

Siehe Anleitung «Schnecke und Häschen» (Seite 42)

Fuchs

Material:
- rotbraune Wolle im Band oder in der Flocke
- Pfeifenputzer

Anleitung:
Aus einem Pfeifenputzer biegen wir Kopf und Rumpf und aus zwei weiteren Pfeifenputzern, die um ein Drittel gekürzt werden, jeweils zwei Beine (siehe Foto und Zeichnung). Wir beginnen, mit rotbrauner Wolle hauchdünn den Pfeifenputzer am Maul des Kopfes zu umwickeln und dann den Kopf selbst. Als Nächstes wickeln wir eine Schicht am Ende eines jeden Beines, biegen 1 cm um, damit die Wolle nicht abrutschen kann, wickeln noch einmal darüber und gestalten danach das ganze Bein. Wir achten darauf, dass das Bein am Fuß dünner ist als am Schenkel und die Hin-

terbeine dicker als die Vorderbeine sind. Nun wickeln wir vom Kopf zum Hals und den ganzen Körper des Fuchses. Wir achten darauf, dass der Fuchs einen kleinen Kopf, schlanke Beine und einen schlanken Körper hat. Seine Ohren sind klein und stehen spitz nach oben. Der Fuchs hat einen langen, buschigen Schwanz. Für die Ohren und den Schwanz fädeln wir ein dünnes Stückchen Wolle in eine Stopfnadel und ziehen es an den entsprechenden Stellen durch den Körper. Zum Schluss biegen wir das Ende der Beine für die Pfoten nach vorne.

Wiesenhügel

Siehe die Geschichte «Unter einem grünen Tännlein», Tannenwald, beschrieben auf Seite 60.

Bäume

Siehe die Geschichte «Vom schlafenden Apfel», beschrieben auf Seite 64.

Bühnenaufbau

Als Bühne genügt ein kleiner Tisch von einem Meter Breite. Wir legen ihn mit wiesengrünen Tüchern aus. Rechts und links stehen ein paar Bäume. Im Hintergrund sind nicht zu hohe Wiesenhügel zu sehen. Vom Zuschauer aus gesehen sitzt auf der linken Seite unter einem Baum eine Schnecke. Etwa in der Mitte der Bühne sitzt die zweite Schnecke. Auf der rechten Seite befindet sich der Fuchs.

Text des Spiels «Das Schnecklein und der Fuchs»

Eines Tages sah der Fuchs ein Schnecklein auf seinem Wege dahinkriechen. «Mach mir Platz, du Langweiler», rief er, «ich laufe im Nu einen längeren Weg, als du in einem ganzen Jahr!»

«So?» erwiderte das Schnecklein, »wollen wir es einmal ausprobieren?»

Verwundert blieb der Fuchs stehen. «Du willst mit mir um die Wette laufen?»

«Warum nicht», sagte das Schnecklein. «Sei morgen früh pünktlich zur Stelle, dann werden wir ja sehen, wer die Strecke von hier bis zum Waldrand schneller laufen kann.»

«Pah, so ein Kriecher», dachte der Fuchs, «der wird platzen vor Neid, wenn er sieht, wie ich an ihm vorbeisause!»

Spielanleitung:

Die linke Hand führt den Fuchs, die rechte die Schnecke. Der Fuchs geht auf die Schnecke zu. Sie unterhalten sich. Während des Sprechens die jeweilige Figur leicht bewegen.

Der Fuchs, von der rechten Hand geführt, läuft wieder dahin zurück, von wo er gekommen ist (vom Zuschauer aus rechts).

Das Schnecklein aber holte seinen Freund, der genauso aussah wie es selber, und sagte zu ihm: «Duck dich am Wandrand hin, und immer, wenn der Fuchs auftaucht, rufst du ihm zu:
 ‹Füchslein, Füchslein, lauf nur schnell,
 ich bin lange schon zur Stell!›»

Am nächsten Morgen kann der Wettlauf beginnen. Der Fuchs und das Schnecklein rennen beide zur gleichen Zeit los, der Schneck aber kriecht gleich wieder gemächlich zurück und verbirgt sich am Weg. Als der Fuchs am Waldrand ankommt, hört er den spöttischen Ruf:
 «Füchslein, Füchslein, lauf nur schnell,
 ich bin lange schon zur Stell!»
Und als er genauer hinschaut, sieht er ein Schnecklein im Grase sitzen und vor Lachen mit den Hörnern wackeln.
 «O nein, o nein, das kann nicht sein,
 noch einmal soll gelaufen sein!»
ruft er hastig aus, dreht sich um und rennt den Weg noch schneller zurück. Aber wieder hört er schon von Ferne den Spruch:
 «Füchslein, Füchslein, lauf nur schnell,
 ich bin lange schon zur Stell!»
 «O nein, o nein, das kann nicht sein,
 noch einmal soll gelaufen sein!»

Und wieder dreht er sich um und rast davon, dass sein buschiger Schwanz den Staub aufwirbelt. Aber auch dieses Mal wird er von einem Schneck empfangen:
 «Füchslein, Füchslein, lauf nur schnell,
 ich bin lange schon zur Stell!»
Der Fuchs keucht:
 «O nein, o nein, das kann nicht sein,
 noch einmal soll gelaufen sein!»

Er strengt sich noch mehr an, rennt und rennt von neuem hin und her – bis er am Ende zu Boden sinkt und liegen bleibt.

 Füchslein, Füchslein, siehst du nun,
 kleine Tiere sind nicht dumm.
 Freunde helfen in der Not
 gegen Hohn und gegen Spott.

Dagmar Fink

Das Schnecklein, ebenfalls von der linken Hand geführt, kriecht zu seinem Freund am Waldrand (linke Seite).

Eine der Schnecken kriecht auf die andere Seite der Bühne zum Waldrand, wo der Fuchs wartet. Der Wettlauf beginnt. Die Schnecke läuft nur ein kurzes Stück mit dem Fuchs und kehrt dann wieder an den Ausgangspunkt zurück, während der Fuchs über die Wiese zum anderen Ende der Bühne rennt. Mehrmals rennt der Fuchs hin und her. Je nachdem, in welche Richtung der Fuchs rennt, wird die rechte oder die linke Hand zum Führen benutzt. Während des Sprechens bewegt der Spieler leicht die entsprechende Figur.

Der Fuchs liegt tot in der Mitte. Von beiden Seiten kommen die Schnecken gekrochen.

Der Schneck

Text: volkstümlich, Melodie: H. Oberländer

Es gibt kein schön-res Tier-chen als ein sol-cher Schneck, Schneck, Schneck.
Er trägt sein eig-nes Häus-chen auf dem Rü-cken weg.
Schneck im Haus, komm her-aus, stre-cke dei-ne Hör-ner raus!
Wenn du sie nicht stre-cken willst, werf ich dich in Gra-ben, fres-sen dich die Ra-ben. Schneck im Haus, komm her-aus, strek-ke dei-ne Hör-ner raus!

Aus: *Quintenstimmungslieder im Jahreslauf. Sommer,* Lebensgemeinschaft Höhenberg/Velden 1993

Fuchs! Fuchs! Hühnerdieb

Melodie: Alois Künstler

Fuchs! Fuchs! Hüh-ner-dieb! Ich hab mei-ne Küch-lein lieb.
Hast mir eins ge-stoh-len der Jä-ger wird dich ho-len!

Aus: *Das Brünnlein singt und saget.* Edition Bingenheim [11]2000.

Die gefräßige Katze

Benötigte Figuren

- Katze
- Kind
- Mann mit Axt
- Zwerg
- Schnecke
- Ziegenbock

Unterbau einer Figur

Katze

Die Katze wird aus einem roten Baumwolltuch geknotet (siehe Foto, S. 54). Zwei Zipfel des Tuches bilden die Ohren, und der Knoten wird zum Kopf der Katze. Dieser wird von unten mit der rechten Hand so gehalten, dass Hand und Unterarm des Spielers vom Tuch bedeckt sind und den Körper der Katze bilden.

Kind

Material:

- weiße Schafwolle im Band (Neuseeländer) oder in der Flocke
- gelbe und rosa Wolle in der Flocke
- Pfeifenputzer
- Nähzeug

Anleitung:
Ein ca. 25 – 30 cm langes Stück weiße Schafwolle im Band binden wir in der Mitte mit Zwirn ab. Unterhalb der abgebundenen Stelle legen wir eine kleine Wollkugel, umschließen sie und binden den Kopf ab.

Als Unterbau biegen wir aus sieben Pfeifenputzern einen Drahtkorpus gemäß der Abbildung zur Stütze für die Wollpuppe. Wir benötigen einen Pfeifenputzer für die Arme, einen für den Oberkörper, einen als Reifrock und vier, um den Oberkörper mit dem Reif zu verbinden. Für den Reifrock nehmen wir einen ganzen Pfeifenputzer, die anderen kürzen wir um ein Drittel.

Mit hauchdünnen Wollstückchen umwickeln wir als Erstes die Arme des Kindes, wobei wir nicht in der Mitte, sondern an einem der Enden beginnen. Damit uns die gewickelte Wolle an den Enden nicht wieder herunterrutscht, biegen wir knapp 1 cm des Pfeifenputzers um und wickeln noch mal darüber, sodass sich die Hände ergeben.

Die Wolle halten wir zum Wickeln flächig und achten darauf, dass sie sich nicht zum Fädchen dreht. Sie würde sonst in Ringen um den Pfeifenputzer liegen, und das sähe nicht natürlich aus. Deshalb wickeln wir in mehreren Schichten flächig, bis der Pfeifenputzer die Dicke hat, die wir für die Arme brauchen, wobei wir berücksichtigen, dass der Arm an Handgelenk und Unterarm dünner ist als am Oberarm. Zum Schluss umwickeln wir noch mit Wolle in der Farbe, die wir als Kleid haben möchten, wobei die Hand vorne weiß bleibt.

Nun befestigen wir den Kopf am Rumpf, indem wir die Arme zwischen die beiden Wollstücke unterhalb des Kopfes legen und dann darunter und in der Taille fest abbinden. Die übrige Wolle wird als Unterrock über dem Drahtgestell verteilt und unten in das Innere der Puppe gesteckt.

Als Nächstes brauchen wir von der rosa Wolle ein ca. 20 cm langes Stück für das Kleid. In die Mitte des Wollteiles bohren wir mit dem Zeigefinger ein kleines Loch, sodass wir das Wollstück über den Kopf stülpen können. Dabei achten wir darauf, dass der Kopf nur knapp durch das Loch passt und sich die Wolle nicht bis zum Ende aufspaltet. Die bunte Wolle binden wir unterhalb der Arme in der Taille ab. Die restliche überstehende Wolle wird als Rock über der hellen Wolle verteilt und unten eingeschlagen.

Für die Haare nehmen wir gelbe Wolle. Wir legen ein Stück, dessen Länge sich nach der gewünschten Haarlänge richtet, so über den Kopf, dass das Gesicht frei bleibt, und nähen mit Steppstichen einen Scheitel. Soll die Puppe Zöpfe bekommen, nähen wir den Scheitel bis zum Nacken. Ganz gleich, ob die Haare offen oder als Zöpfe getragen werden, müssen die restlichen Haare mit unsichtbaren Heftstichen in größeren Abständen am ganzen Köpfchen befestigt werden.

Mann mit Axt

Material:

- weiße Schafwolle im Band oder in der Flocke
- Wolle in der Flocke in Dunkelbraun, Mittelbraun, Dunkelgrün und Mittelgrün
- Pfeifenputzer
- Nähzeug

Anleitung

Ein ca. 25 cm langes Stück weiße Schafwolle im Band binden wir in der Mitte mit Zwirn ab. Unterhalb der abgebundenen Stelle legen wir eine kleine Wollkugel, umschließen sie und binden den Kopf ab. Danach stellen wir den Drahtunterbau aus Pfeifenputzern gemäß der Abbildung her. Es werden dafür vier Pfeifenputzer gebraucht, einer für die Arme, einer für Oberkörper und Bauch, zwei für die Beine mit Füßen bzw. Schuhen.

Genau wie beim «Kind» beginnen wir auch hier mit dem hauchdünnen Umwickeln der Arme mit weißer und dann mit bunter Wolle. Wieder wickeln wir die Wolle flächig und in mehreren Schichten, bis wir die gewünschte Armdicke erreicht haben. Wir befestigen den Kopf am Rumpf, indem wir die Arme zwischen die beiden Wollstücke unterhalb des Kopfes legen und dann darunter fest abbinden. Die übrige Wolle wird eingeschlagen und bildet den Rumpf. Möglicherweise müssen wir etwas Wolle wegzupfen, damit die Figur nicht zu dick wird. Zuerst wickeln wir mit Nähgarn den Oberkörper fest (siehe Foto S. 52), dann wird dieser mit bunter Wolle in der Farbe des Pullovers von der Taille bis unter die Achseln umwickelt. Da-

Unterbau einer männlichen Figur

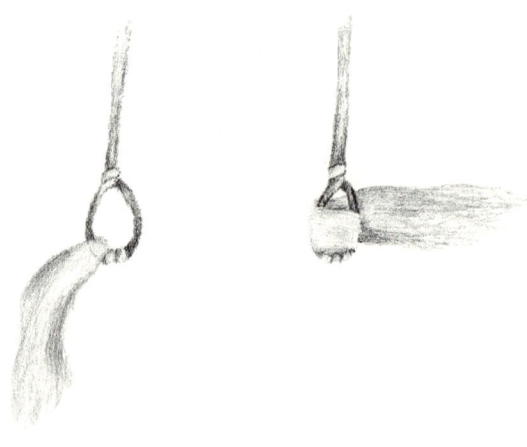

Wickeltechnik

mit auch der Schulterbereich mit bunter Wolle bedeckt ist, müssen wir diagonal wickeln, d.h. von der rechten Achsel bis zur linken Schulter.

Dann wenden wir uns den Füßen bzw. Schuhen zu. Dafür umwickeln wir zunächst den Pfeifenputzer an der «Schuhspitze» und dann den ganzen Schuh in Querrichtung (siehe Zeichnung oben). Die Reste können am Bein hochgewickelt werden. So ist sichergestellt, dass der Schuh nicht wieder aufgeht.

Nun werden die Beine in der Farbe der Hose umwickelt, wobei auch hier die Waden etwas dünner bleiben als die Oberschenkel. Auch Gesäß und Schritt umwickeln wir bis zum Pulloveransatz. Nun bekommt die Figur einen Umhang oder eine ärmellose Weste. Dafür nehmen wir ein Stückchen bunte Wolle, das wir über den Kopf stülpen und in der Taille abbinden.

Zum Schluss kommt die Frisur. Wie beim «Kind» legen wir ein Stückchen Wolle über den Kopf, sodass das Gesicht frei bleibt, und nähen mit Steppstichen einen Scheitel. Die übrigen Haare werden mit kleinen unsichtbaren Stichen am ganzen Kopf festgenäht.

Der Mann mit der Axt hat braune Schuhe, dunkelgrüne Hosen, einen mittelgrünen Pullover und einen mittelbraunen Umhang. Seine Haare sind aus dunkelbrauner Wolle gestaltet. Eventuell kann aus Karton oder dünnem Holz eine kleine Axt gefertigt werden, ebenso ein Hauklotz mit gespaltenem Holz.

Zwerg

Material:
- weiße Schafwolle in der Flocke
- bunte Wolle in der Flocke
- Nähzeug

Anleitung:
Von der ungefärbten Schafwolle in der Flocke nehmen wir ein Stück, das etwa 10 auf 10 cm oder auch etwas kleiner ist. In die Mitte legen wir eine Wollkugel und binden ein Köpfchen ab (siehe Zeichnung). Die überstehende Restwolle zupfen und ziehen wir so zurecht, dass sie den Körper des Zwerges bildet. Wollenden und

Zwerg von unten gesehen

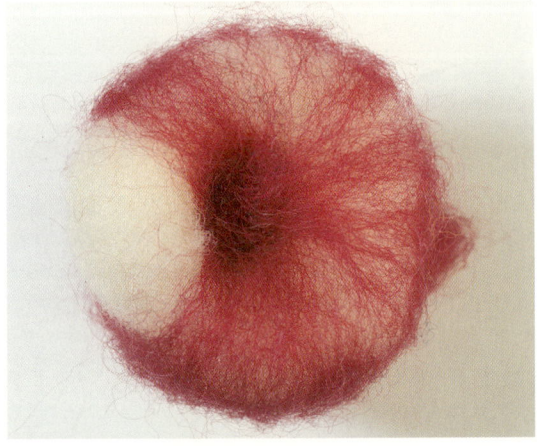

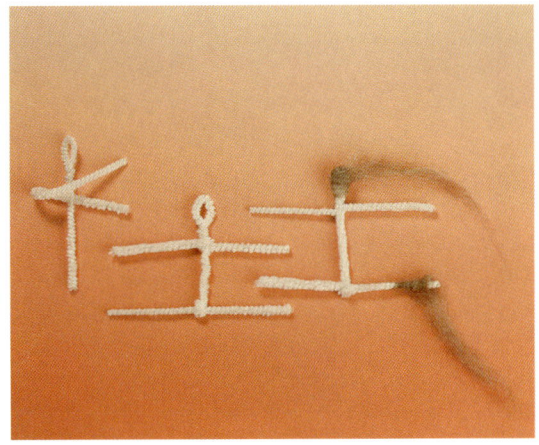

Zipfelchen stecken wir unten in die Mitte des Zwerges. Dies geht am besten, wenn wir den Körper mit der linken Hand umschließen und die Zipfelchen mit der rechten Hand zupfen bzw. sie mit dem Zeigefinger in das Zwergeninnere stecken und dabei mit dem Finger ein wenig drehen. Etwas Geduld erfordert diese Arbeit, die sich jedoch auszahlt.

Nun brauchen wir ein nicht so dickes, ungefähr 15 cm langes, buntes Wollstück. Wir legen es so über den Kopf, dass das Gesicht frei bleibt und oberhalb des Nackens etwas höher ist (Zipfelmütze). Jetzt am Hals abbinden. Die Zipfelmützenspitze nötigenfalls noch etwas nach oben ziehen und zwischen den feuchten Fingerspitzen drehen. Die bunte Wolle unterhalb des Kopfes als Mäntelchen, das vorne ein wenig offen bleibt, auf dem Zwergenkörper verteilen. Die Wollenden unten in die Mitte stopfen. Wer möchte, kann aus ungewaschener Schafschurwolle Zipfelchen für den Bart auswählen und annähen.

Ziegenbock

Material:
- naturbraune Wolle
- 3 Pfeifenputzer
- Nähzeug

Anleitung:
Aus den Pfeifenputzern biegen wir entsprechend unserer Abbildung den Unterbau für den Ziegenbock. Mit hauchdünner brauner Wolle

Schnecke

Wie im Spiel «Schnecke und Häschen» beschrieben (siehe Seite 42).

umwickeln wir den Pfeifenputzer zunächst am Maul und dann den Kopf selbst. Als Nächstes wickeln wir eine Schicht vom Ende eines jeden Beines, biegen ca. 1 cm um, damit die Wolle nicht abrutschen kann, wickeln noch einmal darüber und gestalten danach das ganze Bein. Wir achten darauf, dass das Bein am Fuß dünner ist als am Schenkel und die Hinterbeine dicker als die Vorderbeine sind. Nun wickeln wir vom Kopf bis zum Hals und den ganzen Körper des Ziegenbocks. Der Ziegenbock hat ein starkes Hohlkreuz und einen Hängebauch. Für die Ohren und den Schwanz fädeln wir ein dünnes Stückchen Wolle in eine Stopfnadel und ziehen es an den entsprechenden Stellen durch. Die Enden schneiden wir mit der Schere in Form und drehen sie zwischen den angefeuchteten Fingerspitzen. Ebenso gestalten wir mit einem Wollfädchen die Hörner und den Ziegenbart.

Bühnenaufbau und Spielanleitung

Auch dieses Spiel wird im Sitzen auf den Knien gespielt. Die Kinder sitzen im Stuhlkreis um den Spieler herum.

Auf den Knien des Spielers liegt ein wiesengrünes Tuch. Daneben, auf einem kleinen Tisch oder einem Hocker, befinden sich das Kind, der Mann mit der Axt, der Zwerg, die Schnecke und der Ziegenbock. Sie stehen auf einem wiesengrünen Tuch, das auf einer Tischecke, einem Stuhl oder einem Hocker liegt. Vor den Augen der Kinder wird aus dem Tuch die Katze geknotet. Die Katze wird mit der rechten Hand gehalten und bewegt. Mit der linken Hand werden die anderen Figuren der Reihe nach geführt und im Bauch der Katze verschwinden gelassen. Sie sind dann im Tuch zwischen Arm und Körper des Spielers versteckt. Zum Schluss stehen alle auf dem grünen Tuch. Die Katze wird vor den Augen der Kinder wieder aufgelöst.

Text des Spiels «Die gefräßige Katze»

Es ging die Katz' di tripp di trapp,
es ging die Katz' di tripp di trapp,
sie trippelte und trappelte und trappelte
durchs Gras.

«Ei, wer ist denn das?»
«Bin das Kind, das da lacht
und ein Tänzchen macht.
Und wer bist du, sprich?»
«Ei, die Katz' bin ich!»
«Bist du weit gereist,
hast du gut gespeist?»
«Nur ein halbes Ei
und ein Schälchen Brei.
Und jetzt hungert mich,
und jetzt fress ich dich!»

Es ging die Katz' di tripp di trapp,
es ging die Katz' di tripp di trapp,
sie trippelte und trappelte und trappelte
durchs Gras.

«Ei, wer ist denn das?»
«Bin der Mann mit der Axt,
der das Holz zerhackt!
Und wer bist du, sprich?»
«Ei, die Katz' bin ich!»
«Bist du weit gereist,
hast du gut gespeist?»
«Nur ein halbes Ei
und ein Schälchen Brei
und das Kind, das da lacht
und ein Tänzchen macht.
Und jetzt hungert mich,
und jetzt fress ich dich!»

Es ging die Katz' di tripp di trapp,
es ging die Katz' di tripp di trapp,
sie trippelte und trappelte und trappelte
durchs Gras.

«Ei, wer ist denn das?»
«Bin der Zwerg, der da hüpft,
in den Berg reinschlüpft.
Und wer bist du, sprich?»
«Ei, die Katz' bin ich!»
«Bist du weit gereist,
hast du gut gespeist?»

«Nur ein halbes Ei
und ein Schälchen Brei
und das Kind, das da lacht
und ein Tänzchen macht,
und den Mann mit der Axt,
der das Holz zerhackt.
Und jetzt hungert mich,
und jetzt fress ich dich!»

Es ging die Katz' di tripp di trapp,
es ging die Katz' di tripp di trapp,
sie trippelte und trappelte und trappelte
durchs Gras.

«Ei, wer ist denn das?»
«Bin die Schneck im Haus,
gucke oft heraus.
Und wer bist du, sprich?»
«Ei, die Katz' bin ich!»
«Bist du weit gereist,
hast du gut gespeist?»
«Nur ein halbes Ei
und ein Schälchen Brei
und das Kind, das da lacht
und ein Tänzchen macht,
und den Mann mit der Axt,
der das Holz zerhackt,
und den Zwerg, der da hüpft,
in den Berg reinschlüpft.
Und jetzt hungert mich,
und jetzt fress ich dich!»

Es ging die Katz' di tripp di trapp,
es ging die Katz' di tripp di trapp,
sie trippelte und trappelte und trappelte
durchs Gras.

«Ei, wer ist denn das?»
«Bin der Ziegenbock
mit dem langen Zottelrock.
Und wer bist du, sprich?»
«Ei, die Katz' bin ich!»
«Bist du weit gereist,
hast du gut gespeist?»
«Nur ein halbes Ei
und ein Schälchen Brei
und das Kind, das da lacht
und ein Tänzchen macht,
und den Mann mit der Axt,
der das Holz zerhackt,
und den Zwerg, der da hüpft,
in den Berg reinschlüpft.
Und jetzt hungert mich,
und jetzt fress ich …»
«Du Nimmersatt, mich packt der Zorn.
Ich stoße dich mit meinem Horn.
Ich stoße dich – und eins, zwei, drei
sind alle wieder frei.
Das Kind, das da lacht
und ein Tänzchen macht.
Der Mann mit der Axt,
der das Holz zerhackt.
Der Zwerg, der da hüpft,
in den Berg reinschlüpft.
Die Schneck im Haus,
die oft guckt heraus.»

Mündliche Überlieferung

Unsre Katz heißt Mohrle

Wort und Weise: Wilhelm Bender

Unsre Katz heißt Mohrle, hat ein schwarzes Ohrle, hat ein schwarzes Fell. Und wenn es was zu schlecken gibt, dann ist sie gleich zur Stell.

2.
Unsre Katz heißt Mohrle,
hat ein schwarzes Ohrle,
Augen, die sind grün.
Und abends, wenn es dunkel wird,
dann fangen sie an zu glühn.

3.
Unsre Katz heißt Mohrle,
hat ein schwarzes Ohrle,
Pfötchen, die sind weich.
Und wenn mein Kind im Schlafe liegt,
dann schnurrt sie durch ihr Reich.

Unter einem grünen Tännlein

Benötigte Figuren

- Mond
- Wurzelmännchen
- Tanne
- Tannenwald

Mond

Material:

- Märchenwollereste in allen Farben
- gesponnene Wolle
- flüssige Seife
- je eine Schüssel mit heißem und kaltem Wasser
- Schaumlöffel
- gelbe Märchenwolle in der Flocke

Anleitung:

Für einen gefilzten Mond können wir gut alle Märchenwollereste verwenden. Zunächst formen wir ein kleines Bällchen und wickeln es mit einem bereits gesponnenen Wollfaden fest, wie wenn man Wolle zum Knäuel wickelt. Nun das Bällchen sparsam mit flüssiger Seife einreiben und in den Handflächen eine ganze Weile wie einen Knödel rollen. Jetzt das Bällchen zuerst in heißes Wasser, dann mit einem Schaumlöffel in kaltes Wasser legen. Erneut umgeben wir das Bällchen mit Wolle, reiben es sparsam mit Seife ein, rollen wieder eine Weile und legen es erst in heißes und dann in kaltes Wasser. Diesen Vorgang wiederholen wir so oft, bis der Mond den gewünschten Durchmesser erreicht hat, die Wolle gut miteinander verbunden und gefilzt ist. Die letzte Wollschicht legen wir aus gelber Märchenwolle besonders sorgfältig an, damit unser Mond schön aussieht. Der Mond muss jetzt sehr lange trocknen, bevor er zum Spielen verwendet werden kann.

Wurzelmännchen

Material:

- weiße Schafwolle im Band
- bunte Schafwolle im Band oder in der Flocke
- gewaschene, ungekämmte Wolle für den Bart
- Pfeifenputzer
- Nähzeug

Anleitung:

Für den Kopf nehmen wir ein 30 – 40 cm langes Stück Wolle im Band oder in der Flocke und binden es in der Mitte ab. Eine kleine Wollkugel legen wir unterhalb der abgebundenen Stelle hin und binden den Kopf ab.

Danach stellen wir nach der vorgegebenen Abbildung (s. S. 52) den Drahtkorpus her. Es werden dafür vier bis fünf Pfeifenputzer gebraucht: einer für die Arme, einer für den Oberkörper und den Bauch und zwei für die Beine mit Füßen bzw. Schuhen.

Wir beginnen mit dem hauchdünnen Umwickeln der Arme mit weißer und dann mit bunter Wolle. Die Wolle wickeln wir flächig und in mehreren Schichten, bis wir die gewünschte Armdicke (Handgelenk und Unterarm dünner, Oberarm dicker) erreicht haben (siehe das Kind bei der Geschichte «Die gefräßige Katze»).

Nun befestigen wir den Kopf am Rumpf, indem wir die Arme zwischen die beiden Wollstücke unterhalb des Kopfes legen und dann darunter fest abbinden. Die übrige Wolle verbleibt als Oberkörper und Bauch. Dafür schlagen wir die Wolle ein. Möglicherweise müssen wir noch etwas Wolle wegzupfen, damit das Wurzelmännchen nicht zu dick wird. Zuerst wickeln wir mit Nähgarn den Oberkörper fest (siehe Abbildung S. 52), und dann wird mit bunter Wolle in der Farbe des Pullovers von der Taille bis unter die Achseln umwickelt. Damit auch der Schulterbereich mit bunter Wolle bedeckt ist, müssen wir diagonal wickeln, d.h. von der rechten Achsel zur linken Schulter.

Stirnband um den Kopf, sodass die Haare in Stirn und Nacken noch zu sehen sind. Mit kleinen, unsichtbaren Stichen befestigen wir das Band rund um den Kopf über dem Haarkranz. Die überstehende Wolle formen wir zu einer Zipfelmütze, indem wir alles in das Mützeninnere drücken und mit einer Naht vom Nacken bis zur Mützenspitze in unsichtbaren Stichen zusammennähen. Dies erfordert ein bisschen Mühe und Übung und gelingt nicht immer beim ersten Mal.

Tanne

Material:
- Karton
- Tacker
- Schere
- Holzkleber
- Rindenstückchen
- verschiedene dunkle Grüntöne (tannengrün) von Wolle im Band oder in der Flocke
- Sperrholz
- Feinsäge und Gummibänder

Dann wenden wir uns den Füßen bzw. Schuhen zu. Wir umwickeln zunächst den Pfeifenputzer an der «Schuhspitze» (siehe Zeichnung S. 52) und dann den ganzen Schuh in Querrichtung. Die Reste können am Bein hochgewickelt werden. So ist sichergestellt, dass der «Schuh» nicht wieder aufgeht. Nun werden die Beine in der Farbe der Hosen umwickelt, wobei auch hier die Waden etwas dünner bleiben als die Oberschenkel. Auch Gesäß und Schritt umwickeln wir bis zum Pulloveransatz.

Unser Wurzelmännchen bekommt nun einen Umhang. Dafür stülpen wir ein Stückchen bunte Wolle über den Kopf und binden in der Taille ab.

Für den Bart und die Haare nehmen wir ungekämmte Schafwolle. Diese zupfen wir in kleine Strähnchen, legen sie Ende auf Ende und nähen sie am Bruch als Bart und Haare (Haarkranz an Stirn und Nacken genügen) am Kopf fest. Jetzt bekommt das Wurzelmännchen noch eine Mütze. Wir legen ein rotes Wollstück ähnlich einem

Anleitung:
Aus Karton schneiden wir einen Tannenbaum nach der vorgegebenen Abbildung (Höhe 35 – 55 cm, Breite 12 – 19 cm). Die Tanne kann in der Größe so weit verändert werden, dass man mit einem Tacker noch gut von beiden Seiten bis zur Mitte des Baumes arbeiten kann. Für den Stamm kleben wir ein Rindenstück mit Holzkleber auf. Mithilfe eines Tackers heften wir aus tannenfarbener Märchenwolle Wollschlaufen übereinander. Wir beginnen unten und arbeiten dann bis zur Spitze des Baumes.

Damit der Tannenbaum frei stehen kann, braucht er eine Stütze. Diese stellen wir aus Sperrholz her. Die Form entnehmen wir dem Foto von Seite 59, und die Größe passen wir dem Tannenbaum an. Sind Fuß und Ständer der Stütze zusammengesteckt, muss die Tanne noch mit einem Gummi befestigt werden.

Tannenwald (Wiesenhügel, Wald, Berge)

Material:
- tannengrüne Tücher
- eine Dachlatte, ca. 2 m lang
- Feinsäge
- Bohrer
- Schleifpapier
- Rundstäbe, ca. 8 – 10 mm dick
- Schraubzwingen

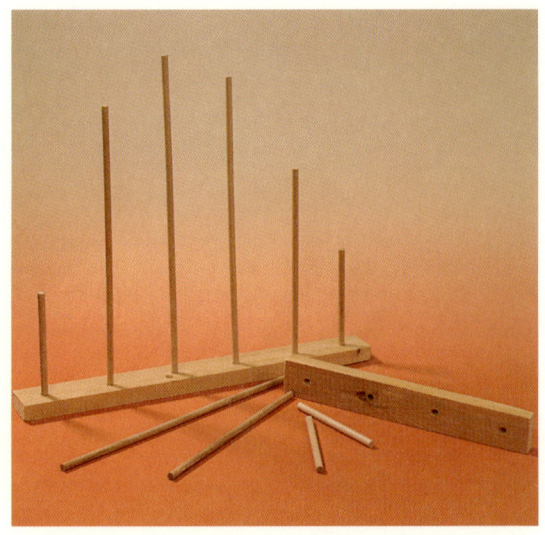

Anleitung:
Bei fast allen Puppenspielen brauchen wir als Hintergrundkulisse Wald, Hügel, Berge und so weiter. Um dies anzudeuten, benötigen wir zunächst drei bis fünf ca. 30 – 40 cm lange Dachlattenstücke. In unregelmäßigen Abständen bohren wir 8 mm große Löcher hinein. Da hinein stecken wir Rundstäbe in verschiedenen Höhen (30 – 50 cm). Mit Schraubzwingen befestigen wir die Dachlattenstücke am Tisch. Über die Rundhölzer legen wir verschiedene dunkelgrüne Tücher. Je nachdem, welche Hintergrundkulisse bei anderen Puppenspielen benötigt wird, müssen entsprechend andersfarbige Tücher verwendet werden.

Tannenwald, Wiesenhügel, Wald oder Berge werden so als Hintergrundkulisse verteilt, dass der Spieler die Puppen noch gut führen kann. Er muss mit seinen Armen noch darüber oder darum herum fassen können. Das muss vor dem Herstellen der Kulissen ausprobiert werden.

Bühnenaufbau

Für dieses Spiel brauchen wir nur eine kleine Bühne von ca. 1 m Breite. Im Hintergrund wird mit grünen Tüchern ein Tannenwald angedeutet. Die Tischfläche ist mit wiesengrünen Tüchern bedeckt. Steine, Zapfen und Rindenstückchen säumen den Waldrand. In der Mitte steht ein Tännlein, vor dem ein Wurzelmännlein sitzt. Der Mond ist hinter dem Tannenwald versteckt.

Text des Spiels «Unter einem grünen Tännlein»

Unter einem grünen Tännlein
Wohnt ein winzig Wurzelmännlein.
Klopft und pocht den ganzen Tag,
Tut so manchen Hammerschlag.

Und das Tännlein steht und rauscht,
Wiegt sich hin und her und lauscht …

Abends schläft das Tännlein ein.
Männlein lässt sein Hämmern sein,
Und der Mond in großem Bogen
Kommt am Himmel hergezogen.

Lustig wird das Männlein nun,
Mag nicht schlafen, mag nicht ruhn.
Tanzt nach Wurzelmännleinweise
Um das Tännlein rund im Kreise.

Spielanleitung:

Das Wurzelmännlein sitzt vor der Tanne und macht mit den Fäusten Klopfbewegungen.

Vorsichtig das Tännlein hin und her bewegen.

Tännlein und Männlein sind unbewegt.

Mond zieht in einem Bogen von einer Seite zur anderen über die Tanne

Das Männlein hüpft um das Tännlein herum. Der Text wird lustig und etwas schneller gesprochen.

Text und Melodie: L. Henning

Hin-term Berg, hin-term Berg, hockt der Hunkepunk, der Zwerg;
schlägt die Edelsteine, große und auch kleine ...

Aus: *Neue Kinderlieder aus dem Waldorfkindergarten Berlin*

Huckepack, huckepack, steckt sie alle in den Sack;
große und auch kleine, lauter Edelsteine.

Schwingt sein Mützchen hin und her,
In die Kreuz und in die Quer.

Nur andeutungsweise wird das Mützchen geschwungen.

Kommt der Morgen, sitzt das Männlein
Wieder ruhig unterm Tännlein.
Klopft und pocht den ganzen Tag,
Tut so manchen Hammerschlag.
Und das Tännlein steht und rauscht,
Wiegt sich hin und her und lauscht ...

Wie bei der ersten Strophe.

Ich bin der Meister Hämmerling!
Mein Hämmerlein geht immer flink,
Mit Kling und Klang und raschem Schlag
Den ganzen lieben, langen Tag!

Mit den Fäusten Klopf- und Hammerbewegungen andeuten.

Hedwig Diestel

Das buckliege Männlein

Worte und Weise: Aus Österreich

Will ich in mein Gärtlein gehn, will mein Zwiebeln gießen,
steht ein bucklig Männlein da, fängt gleich an zu niesen.

Aus: *Willkommen lieber Tag*, Band 1, R. R. Klein, Diesterweg

2.
Will ich in mein Küchlein gehn,
will mein Süpplein kochen,
steht ein bucklig Männlein da,
hat mein Töpflein brochen.

3.
Will ich in mein Stüblein gehn,
will mein Breilein essen,
steht ein bucklig Männlein da,
hat's schon halber gessen.

4.
Will ich auf den Boden gehn,
will mein Hölzlein holen,
steht ein bucklig Männlein da,
hat mir's halber g'stohlen.

5.
Will ich in mein Keller gehn,
will mein Weinlein zapfen,
steht ein bucklig Männlein da,
tut mir'n Krug wegschnappen.

6.
Geh ich in mein Kämmerlein,
will mein Bettlein machen,
steht ein bucklig Männlein da,
fängt gleich an zu lachen.

7.
Wenn ich an mein Bänklein geh,
will ein bisslein beten,
steht ein bucklig Männlein da,
fängt gleich an zu reden:

„Liebes Kindlein, ach ich bitt, bet fürs bucklig Männlein mit!"

Vom schlafenden Apfel

Benötigte Figuren
- Apfelbaum
- Apfel
- Kind mit Schürze
- Sonne
- Vogel
- Wind

Apfelbaum (Bäume)

Material:
- Wolle in verschiedenen Grüntönen in der Flocke
- Holzscheibe, ca. 8 cm Durchmesser
- Knetwachs
- ein Ästchen
- Bohrer

Anleitung:
Für einen Apfelbaum benötigen wir grüne Märchenwolle in der Flocke in verschiedenen Grüntönen, eine Holzscheibe, ca. 8 cm Durchmesser und ein Ästchen, das sich schön nach allen Seiten verzweigt (gut eignen sich Eichenäste oder Weißdorn). In die Holzscheibe bohren wir mit einem Handbohrer ein Loch und stecken das Ästchen hinein. Damit der Baum gut steht, können wir das Bohrloch noch mit Knetwachs ausstopfen. Nun haben wir einen Baum ohne Laub. Um ihn zu begrünen, nehmen wir die Märchenwolle und ziehen sie vorsichtig zu einem Kreis auseinander. Er sollte möglichst keine Löcher bekommen. Diese blattgrüne Flocke stülpen wir über die «Äste» des Baumes. Kleinere Flöckchen in einem anderen Grün verteilen wir noch auf dem Baum, um andere Schattierungen zu erreichen.

Benötigen wir einmal einen Herbstbaum, arbeiten wir einfach das Blattwerk in herbstfarbener (goldgelber, oranger, rostbrauner) Märchenwolle. Am Weißdornästchen können die einzelnen Zweige mit Flöckchen grüner Wolle behangen werden und so den Anschein eines Lärchenbaumes geben.

Apfel

Material:
- Stiel eines Apfels
- rote und grüne Wolle in der Flocke
- flüssige Seife, warmes und kaltes Wasser
- Nähzeug

Anleitung:
Von einem richtigen Apfel nehmen wir den Stiel und filzen um ihn herum aus roter Märchenwolle in der Flocke eine kleine Kugel. Wir tauchen die Wollkugel erst in heißes Wasser und seifen sie dann ein. Zwischen den Fingerspitzen reiben wir die Wolle eine ganze Weile, bis sie sich fest verbunden hat. Dabei achten wir darauf, dass die Hälfte des Stiels im Apfel verschwindet und die andere Hälfte zu sehen bleibt. Aus grüner Wolle in der Flocke filzen wir eine kleine Platte. Daraus schneiden wir ein Apfelbaumblatt, das wir an Stiel und Apfel festnähen. Zum Schluss nähen wir gegenüber dem Stiel mit schwarzem Garn die Reste der Blüte. Wir ziehen sie ein wenig in den Apfel hinein, sodass wir dadurch die Form eines Apfels erhalten.

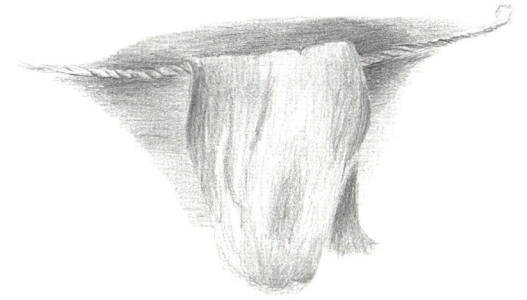

Kind mit Schürze

Material:
- weiße Schafwolle im Band (Neuseeländer) oder in der Flocke
- gelbe und rosa Wolle in der Flocke
- Pfeifenputzer
- Nähzeug

Anleitung:
Die Anfertigung einer kindlichen Märchenwollefigur ist bereits bei der Geschichte «Die gefräßige Katze» (s. Seite 50) beschrieben. Die Figur wird für dieses Spiel noch mit einer Schürze versehen. Dafür nehmen wir ein handgedrehtes Fädchen und schlagen in der Farbe und Breite der Schürze Wolle im Band einmal darum. Die Schürze (siehe Zeichnung) binden wir dem Kind um die Taille.

Sonne

Material:
- weiße Wolle in der Flocke
- gelbe Wolle in der Flocke und im Band
- flüssige Seife
- Nähzeug

Anleitung:
Aus weißer Wolle filzen wir einen Ball (s. die Geschichte «Unter einem grünen Tännlein», S. 58). Die letzte Schicht gestalten wir mit sonnengelber Märchenwolle in der Flocke. Wenn der Ball getrocknet ist, legen wir strahlenförmig gelbe Wolle von vorne und hinten um die Kugel. Mit Steppstichen nähen wir am Umfang entlang. Die Enden der Sonnenstrahlen drehen wir zwischen den angefeuchteten Fingerspitzen.

Vögel

Material:
- Wolle im Band, weiß oder bunt
- Nähzeug

Anleitung:
Ein ca. 15 cm langes Wollstück, nicht zu dick ($1/4$ der Wollbandstärke), legen wir flach auf den Tisch und darauf ein dünnes rotes Wollfädchen, ca. 2 cm lang (Schnabel). Wir binden in der Mitte ab. Die Enden des Wollbandes werden nun aufeinander gelegt und ein Köpfchen abgebunden (siehe Zeichnung). Ein Wollband, ca. 8 cm lang und in der gleichen Stärke wie zuvor, legen wir quer zwischen die beiden zusammengelegten Wollbänder (Flügel) und binden wieder ab.

Nun drehen wir das Schnäbelchen zwischen den angefeuchteten Fingerspitzen und schneiden es spitz zu. Die Enden von Flügel und Schwanz werden in Form gezupft und die Ränder zwischen den angefeuchteten Fingerspitzen gerieben.

Wind

Als Wind nehmen wir entweder eine Flocke blauer Wolle oder ein blaues Seidentuch (45 x 45 cm) und flattern und wehen damit.

Bühnenaufbau

Als Bühne genügt ein kleiner Tisch von ca. 1 m Breite. Mit einem gelbgrünen Baumwolltuch gestalten wir eine Wiese. Vom Zuschauer aus gesehen auf der rechten Seite steht ein Apfelbaum. Die Holzscheibe des Baumes lassen wir entweder unter dem grünen Tuch oder unter einer Flocke grüner Wolle verschwinden. Auf dem Baum liegt ein Apfel. Das Kind steht links neben dem Baum. Sonne, Vogel und Wind sind unter dem grünen Tuch versteckt, bis sie gebraucht werden. Der Hintergrund kann als Wiesenhügel gestaltet werden.

Text des Spiels «Vom schlafenden Apfel»

Im Baum im grünen Bettchen
hoch oben sich ein Apfel wiegt;
der hat so rote Bäckchen,
man sieht's, dass er im Schlafe liegt.

Ein Kind steht unterm Baume,
das schaut und schaut und ruft hinauf:
«Ach, Apfel, komm herunter!
Hör endlich doch mit Schlafen auf!»

Spielanleitung:

Der Blick des Spielers ist auf den schlafenden Apfel im Baum gerichtet. Die rechte Hand umschließt das Kind und lässt es auch zum Apfel im Baum schauen. Wir achten darauf, dass es dem Zuschauer nicht den Rücken zuwendet.

Während des Sprechens wird ganz zart die Figur bewegt.

Es hat ihn so gebeten;
glaubt ihr, der wäre aufgewacht?
Er rührt sich nicht im Bette,
sieht aus, als ob im Schlaf er lacht.

Da kommt die liebe Sonne
am Himmel hoch daherspaziert.
«Ach, Sonne, liebe Sonne,
mach du, dass sich der Apfel rührt!»

Die Sonne spricht: «Warum denn nicht?»
Und wirft ihm Strahlen ins Gesicht,
küsst ihn dazu so freundlich;
der Apfel aber rührt sich nicht.

Nun schau, da kommt ein Vogel
und setzt sich auf den Baum hinauf!
«Ei, Vogel, du musst singen;
gewiss, gewiss, das weckt ihn auf!»

Der Vogel wetzt den Schnabel
und singt ein Lied so wundernett
und singt aus voller Kehle:
der Apfel rührt sich nicht im Bett.

Und wer kam nun gegangen?
Es war der Wind, den kenn ich schon;
der küsst nicht und der singt nicht;
der pfeift aus einem andern Ton.

Er stemmt in beide Seiten
die Arme, bläst die Backen auf
und bläst und bläst und richtig,
der Apfel wacht erschrocken auf;

und springt vom Baum herunter
grad in die Schürze von dem Kind,
das hebt ihn auf und freut sich
und ruft: «Ich danke schön, Herr Wind!»

Robert Reinick

Das Kind und auch der Spieler schauen sehnsüchtig zum Apfel.

Mit der linken Hand wird die Sonne unter dem Tuch hervorgeholt. Langsam steigt sie im Bogen über dem Apfelbaum am Himmel hoch.

Zart die Sonne bewegen, wenn sie spricht. Zart mit den Sonnenstrahlen den Apfel berühren. Ganz vorsichtig küsst die Sonne den Apfel, bevor sie sich wieder unter dem grünen Tuch versteckt.

Das Kind schaut nach dem Vogel. Die linke Hand holt den Vogel unter dem Tuch hervor und lässt ihn auf den Baum fliegen. Beim Sprechen wird das Kind zart bewegt.

Den Vogel leicht bewegen. Kind und Spieler schauen zum Vogel, der nach seinem Lied einfach auf dem Baum sitzen bleibt.

Die linke Hand holt den «Wind» unter dem Tuch hervor und «weht» damit über den Baum.

Die linke Hand weht weiter mit dem blauen Tuch.

Der «Wind» umschließt den Apfel und trägt ihn in die Schürze oder Arme des Kindes. Das Kind wird beim Sprechen zart bewegt.

Die Sterntaler

Benötigte Figuren

- Sterntalermädchen (zweimal)
- armer Mann
- vier Kinder
- Bäume

Sterntalermädchen und die vier Kinder

Material:
- weiße Schafwolle im Band
- bunte Schafwolle im Band oder in der Flocke
- Pfeifenputzer
- Goldkordel
- Nähzeug

Anleitung:
Auf ein ca. 25 – 30 cm langes Stück weiße Schafwolle im Band legen wir in die Mitte ein hauchdünnes Stück hautfarbener Wolle von ca. 10 cm Länge für die Gesichtsfarbe. Wir binden in der Mitte mit Zwirn ab. Unterhalb der abgebundenen Stelle legen wir eine kleine Wollkugel, umschließen sie und binden den Kopf ab.

Als Unterbau biegen wir aus sieben Pfeifenputzern einen Drahtkorpus (gemäß der Abbildung von S. 50) zur Stütze für die Wollpuppe. Wir benötigen einen Pfeifenputzer für die Arme, einen für den Oberkörper, einen als Reifrock und vier, um den Oberkörper mit dem Reif zu verbinden. Die Pfeifenputzer kürzen wir um ein Drittel, für den Reifrock nehmen wir einen ganzen.

Mit hauchdünnen Wollstückchen umwickeln wir als Erstes die Arme des Drahtunterbaus, wobei wir nicht in der Mitte, sondern an einem der Enden beginnen. Damit uns die gewickelte Wolle an den Enden nicht wieder herunterrutscht, biegen wir knapp 1 cm des Pfeifenputzers um und wickeln noch mal mit hautfarbener Wolle darüber, sodass sich die Hände ergeben.

Die Wolle halten wir zum Wickeln flächig und achten darauf, dass sie sich nicht zum Fädchen dreht. Sie würde sonst in Ringen um den Pfeifenputzer liegen, und das wäre nicht natürlich. Deshalb wickeln wir in mehreren Schichten flächig, bis der Pfeifenputzer die Dicke hat, die wir für die Arme brauchen, wobei wir berücksichtigen, dass der Arm an Handgelenk und Unterarm dünner ist als am Oberarm. Zum Schluss umwickeln wir noch in der Farbe, die wir als Bluse oder Kleid haben möchten, wobei vorne die Hand hautfarben bleibt.

Nun befestigen wir den Kopf am Rumpf, indem wir die Arme zwischen die beiden Wollstücke unterhalb des Kopfes legen und dann darunter und in der Taille fest abbinden. Die übrige Wolle wird als Unterrock über dem Drahtgestell verteilt und unten in das Innere der Puppe gesteckt.

Als Nächstes brauchen wir von der bunten Wolle ein ca. 20 cm langes Stück. Für das arme Sterntalermädchen benötigen wir braune Wolle, für das geläuterte weiße Wolle. In die Mitte des Wollteiles bohren wir mit dem Zeigefinger ein kleines Loch, sodass wir die Wolle über den Kopf stülpen können. Dabei achten wir darauf, dass der Kopf nur knapp durch das Loch passt und sich die Wolle nicht bis zum Ende aufspaltet. Die bunte Wolle binden wir unterhalb der Arme in der Taille ab. Die restliche überstehende Wolle wird als Rock über der hellen Wolle verteilt und unten eingeschlagen.

Für die Haare nehmen wir hellgelbe Wolle. Wir legen ein Stück, dessen Länge sich nach der gewünschten Haarlänge richtet, so über den Kopf, dass das Gesicht frei bleibt, und nähen mit Steppstichen einen Scheitel. Die restlichen Haare werden mit unsichtbaren Heftstichen in größeren Abständen am ganzen Köpfchen befestigt. Das mit Goldtalern beschenkte Sterntalermädchen erhält noch eine Goldkordel als Stirnband.

Die drei Kinder werden nach der gleichen Anleitung gearbeitet, haben jedoch verschiedenfarbige Kleider und sind etwas unterschiedlich in der Größe. Ebenso sind die Frisuren verschieden.

Armer Mann

Die Figur ist identisch mit dem «Mann mit der Axt» aus dem Spiel «Die gefräßige Katze» (siehe Seite 51).

Bäume

Die Bäume sind im Spiel «Vom schlafenden Apfel» beschrieben (Seite 64).

Bühnenaufbau

Für die Bühne wird ein Tisch von ca. 1,5 m Breite und 60 cm Tiefe benötigt. Die ersten zwei Drittel, vom Zuschauer aus gesehen links, werden mit grünen und braunen Tüchern als Feld gestaltet, ebenso der dazugehörige Hintergrund. Das letzte Drittel auf der rechten Seite hat einen tannengrünen Hintergrund. Die Spielfläche ist mit moosgrünen Tüchern belegt. Mehrere Laubbäume und Tannen werden so aufgestellt, dass sie das Führen der Figuren nicht behindern.

Bevor das Spiel beginnt, steht das arme Sterntalermädchen ganz links auf der Bühne. Etwas davon entfernt sitzt der arme Mann auf einem Baumstumpf. Ein wenig weiter steht ein Kind und noch ein Stück weiter das zweite Kind. Das dritte und vierte Kind stehen, ebenso wie das Sterntalermädchen mit dem neuen Hemd, hinter der Bühne.

Das Spiel sollte in einem abgedunkelten Raum stattfinden. Eine einfache Bühnenbeleuchtung ist im Abschnitt «Die Beleuchtung» auf Seite 36 beschrieben.

Text des Spiels «Die Sterntaler»

Es war einmal ein kleines Mädchen, dem war Vater und Mutter gestorben, und es war so arm, dass es kein Kämmerchen mehr hatte, darin zu wohnen, und kein Bettchen mehr, darin zu schlafen, und endlich gar nichts mehr als die Kleider auf dem Leib und ein Stückchen Brot in der Hand, das ihm ein mitleidiges Herz geschenkt hatte. Es war aber gut und fromm. Und weil es so von aller Welt verlassen war, ging es im Vertrauen auf den lieben Gott hinaus ins Feld.

Da begegnete ihm ein armer Mann, der sprach: «Ach, gib mir etwas zu essen, ich bin so hungrig.» Es reichte ihm das ganze Stückchen Brot und sagte: «Gott segne dir's!» und ging weiter.

Spielanleitung:

Die Bühne ist voll beleuchtet. Das Mädchen wird von der rechten Hand umschlossen. Es bewegt sich langsam in Richtung des Feldes.

Die linke Hand umschließt den armen Mann. Er geht auf das Mädchen zu. Während des Sprechens wird die entsprechende Figur leicht hin und her bewegt. Der Mann wird auf seinen Platz zurückgeführt. Das Sterntalermädchen setzt seinen Weg fort.

Da kam ein Kind, das jammerte und sprach: «Es friert mich so an meinem Kopf, schenk mir etwas, womit ich ihn bedecken kann.» Da tat es seine Mütze ab und gab sie ihm.

Und als es noch eine Weile gegangen war, kam wieder ein Kind und hatte kein Leibchen an und fror: da gab es ihm seins; und noch weiter, da bat eins um ein Röcklein, das gab es auch von sich hin.

Endlich gelangte es in einen Wald, und es war schon dunkel geworden, da kam noch eins und bat um ein Hemdlein, und das fromme Mädchen dachte: Es ist dunkle Nacht, da sieht dich niemand, du kannst wohl dein Hemd weggeben, und zog das Hemd ab und gab es auch noch hin.

Und wie es so stand und gar nichts mehr hatte, fielen auf einmal die Sterne vom Himmel und waren lauter harte blanke Taler. Und obwohl es sein Hemdlein weggegeben, so hatte es ein neues an, und das war vom allerfeinsten Linnen. Da sammelte es sich die Taler hinein und war reich für sein Lebtag.

Brüder Grimm

Die linke Hand umschließt das Kind, das während des Sprechens leicht bewegt wird.

Die rechte Hand führt das Sterntalerkind zum zweiten Kind, das von der linken Hand umschlossen wird. Nachdem es auf seinen Platz zurückgekehrt ist, wird das dritte Kind mit der linken Hand hinter der Bühne hervorgeholt und begegnet dem Sterntaler.

Die Beleuchtung wird abgeschwächt. Das vierte Kind tritt wie oben beschrieben in Erscheinung.

Es wird das Sterntalermädchen im alten Kleid gegen das im neuen Kleid ausgetauscht. Über dieses werden kleine Goldsterne gestreut. Dabei wird die Beleuchtung wieder etwas stärker.

Das Sternlein

Text: G. Wolters / Melodie: H. Oberländer

Heut ist ein Sternlein vom Himmel gefallen. Hat's keiner gesehen? Es leuchtet uns allen.

Es leuchtet das Sternlein mit helllichtem Schein ins Herz uns hinein.

Aus: *Quintenstimmungslieder im Jahreslauf. Winter*, Lebensgemeinschaft Höhenberg/Velden

2.
Heut ist der Himmel zur Erde gekommen.
Hat's keiner gespürt? Hat's keiner vernommen?
Es leuchtet der Himmel mit helllichtem Schein
ins Herz uns hinein.

Im Jägerhaus

Benötigte Figuren

- Jäger
- Hase
- Fuchs
- Bär

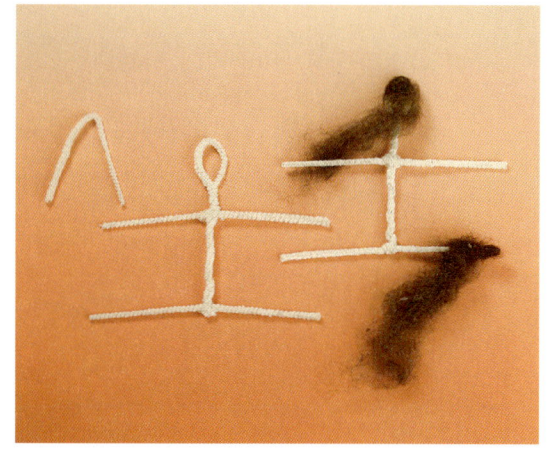

Jäger

Die Figur ist identisch mit dem «Mann mit der Axt» aus dem Spiel «Die gefräßige Katze» (siehe Seite 51).

Hase

Siehe bei «Schnecke und Häschen», Seite 42.

Fuchs

Siehe bei «Das Schnecklein und der Fuchs», Seite 46.

Bär

Material:
- dunkelbraune Wolle in der Flocke
- Pfeifenputzer

Anleitung:

Für Kopf und Hals benötigen wir einen Pfeifenputzer, für den Rumpf einen und je einen für jeweils zwei Beine, die wir entsprechend unserer Zeichnung als Korpus biegen. Am Maul beginnen wir hauchdünn den Pfeifenputzer zu umwickeln, dann den Kopf selbst. Als Nächstes wickeln wir eine Schicht am Ende eines jeden Beines, biegen ca. 1 cm um, damit die Wolle nicht abrutschen kann, wickeln noch einmal darüber und gestalten danach das ganze Bein. Wir achten darauf, dass das Bein am Fuß dünner ist als am Schenkel und die Hinterbeine dicker sind als die Vorderbeine. Nun wickeln wir vom Kopf zum Hals und den ganzen Körper des Bärs. Ein Bär hat im Verhältnis zum Körper einen recht kleinen Kopf, der Hals ist lang und der Körper massig. Er hat nur ein kurzes Stummelschwänzchen. Für die Ohren, die rund und klein sind, und das Stummelschwänzchen fädeln wir durch eine Stopfnadel ein dünnes Stückchen Wolle und ziehen es an den entsprechenden Stellen durch den Bär. Zum Schluss werden die Pfoten nach vorne gebogen und die Ohren mit einer Schere in Form geschnitten.

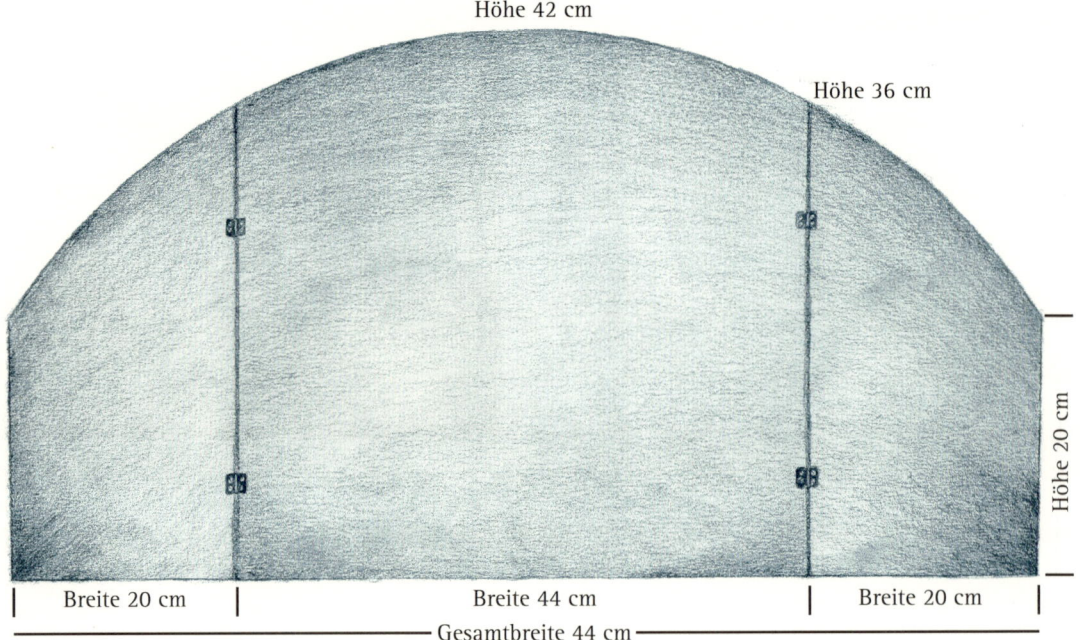

Stellwand für das Jägerhaus

Material:
- Sperrholz ca. 75 x 60 cm
- Laubsäge oder Stichsäge
- vier kleine Scharniere
- kleine Nägel
- Hammer
- Schleifpapier

Anleitung:
Unsere Skizze vergrößern wir und übertragen sie auf das Sperrholz. Mit einer Säge wird sie ausgeschnitten. Dann schleifen wir die Kanten und bringen die Scharniere an. Die Stellwand für das Jägerhaus hat somit zwei bewegliche Flügel.

Bei anderen Puppenspielen kann eine solche Stellwand auch für ein Haus oder eine Szene oder den Hintergrund verwendet werden.

Bühnenaufbau

Für die Bühne brauchen wir einen Tisch von ca. 1 – 1,5 m Breite. Links vom Zuschauer aus gesehen steht die Stellwand für das Haus des Jägers, das zwei Drittel der Bühne in Anspruch nimmt. Über die Stellwand legen wir ein zartrosa oder apricotfarbenes Baumwolltuch. Die Stube ist mit einem dezenten Rot oder Ockergelb ausgelegt. Ein Tisch mit Stühlen und ein Ofen aus Aststücken wie auch ein Bett, vielleicht noch ein Korb mit Brennholz befinden sich darin. Wer möchte, kann aus Karton zwei Sprossenfenster und ein Gewehr ausschneiden und an der Wand befestigen.

Um das Haus und rechts davon ist die Spielfläche mit grünen oder erdfarbenen Tüchern ausgelegt. Das letzte Drittel hat einen grau-weißen Hintergrund. Davor stehen mehrere Bäume, die mit weißer Schafwolle in der Flocke bedeckt sind. Ebenso sind das Dach des Hauses wie auch seine Umgebung mit einer Schicht weißer Schafwolle bedeckt.

Vor Spielbeginn sitzt der Jäger in seiner Stube. Hase, Fuchs und der Bär befinden sich im nahe gelegenen Wald.

Da es in diesem Spiel Nacht ist, empfiehlt sich eine Abendaufführung. Eine geeignete, einfache Bühnenbeleuchtung ist im Abschnitt «Die Beleuchtung» auf Seite 36 beschrieben.

Text des Spiels «Im Jägerhaus»

Am Waldrand steht eine Holzhütte. Schon lange wohnt dort ganz allein ein Jäger. Es ist Winter, und alles ist dick eingeschneit. Lange Eiszapfen hängen vom Dach herunter.

Eines Nachts, ein eisiger Sturm wehte ums Haus, wurde der Jäger aufgeweckt. Es klopfte an der Tür. «Nanu, wer kann das sein? Mitten in der Nacht und bei diesem Wetter?», dachte er.

Vor der Tür saß ein kleiner Hase. Dieser zitterte vor Kälte und jammerte: «Ach bitte, darf ich diese Nacht bei dir verbringen?» Der Jäger hatte ein gutes Herz und ließ den Hasen in seine Stube. Gleich neben dem Ofen nahm der Hase Platz. Der Jäger legte noch ein Scheit Holz auf, sodass es schön prasselte, und kuschelte sich in sein Bett. Bald schliefen beide behaglich ein.

Es dauerte gar nicht lange, da klopfte es erneut an der Tür. Jetzt stand ein Fuchs davor und klagte: «Bei dieser Kälte sind mir die Glieder eingefroren. Ich kann nicht mehr weiterlaufen. Lass mich nur für diese Nacht ein in dein Haus.» Der Hase schaute erschrocken. «Ein Fuchs! Bestimmt will er mich fressen.»

Doch der Jäger zeigte dem Fuchs einen Platz in der anderen Ecke seiner Stube. Im Moment dachte der Fuchs auch weniger an Hasenbraten als mehr an einen warmen Schlafplatz, um nicht zu erfrieren. Nach einer Weile schliefen dann alle drei zufrieden ein.

Und noch mal klopfte es in dieser Nacht an der Tür der Holzhütte. Diesmal sehr laut und heftig. Es war kaum zu glauben, aber da draußen stand ein ausgewachsener Bär mit klappernden Zähnen. Der Jäger schaute ihn verängstigt an. Sein Herz klopfte bis zum Hals. «Was mach ich bloß», dachte er. Auch dem Fuchs war nicht wohl bei der Sache. Der Bär schaute sie mit flehenden Blicken an.

Nun bekam der Jäger Mitleid und bat ihn in die letzte freie Ecke seiner Stube. Er warf noch einen Holzscheit in die Glut und deckte sich

Spielanleitung:

Den Jäger mit der rechten Hand umschließen und einmal durch die Stube führen, dann ins Bett legen.

Die Bühnenbeleuchtung wird etwas abgeschwächt.

Die linke Hand umschließt den Hasen und «hüpft» mit ihm zur Tür. Mit den Fingern auf die Tischplatte klopfen. Den Jäger aus dem Bett heben. Während er spricht, leicht hin und her bewegen. Er geht zur Tür.

Während der Hase spricht, wird er leicht hin und her bewegt. Den Hasen mit der linken Hand zum Ofen führen. Der Jäger macht sich am Ofen zu schaffen und legt sich dann ins Bett.

Die linke Hand umschließt den Fuchs und schleicht mit ihm zur Tür. Mit den Fingern auf die Tischplatte klopfen. Während der Fuchs spricht, wird er leicht hin und her bewegt. Nach dem Klopfen den Jäger zur Tür führen. Der Spieler schaut zum Hasen hin.

Der Jäger begleitet den Fuchs zu seinem Platz und wird dann in sein Bett gelegt.

Mit der Linken den Bären langsam zur Tür bewegen. Mit den Fingern klopfen wir fester und länger auf die Tischplatte. Danach den Jäger zur Tür führen.

Der Jäger wendet sich ein bisschen vom Bären ab und wird einen Schritt zurück in seine Stube geführt. Dann geht er mit dem Bären zum letz-

zu. Nach einer Weile wurde es still, und alle schliefen ein.

Inzwischen tobte draußen der Schneesturm weiter. Äste wurden von den Bäumen abgerissen, die Fensterläden klapperten – kurz, ein Wetter, bei dem kein Mensch unterwegs sein möchte. In der Holzhütte schliefen jedoch der Jäger, der Bär, der Fuchs und der Hase.

Gegen Morgen ließ dann endlich der Sturm nach. Beim ersten Dämmerlicht schlug der Hase die Augen auf. Als er den Fuchs erblickte, wurde es ihm zu gefährlich. Leise schlich er sich zur Tür hinaus in den Schnee.

Da erwachte auch der Fuchs aus seinem Traum. Tatsächlich, da lag ja ein Bär. Der Schreck fuhr ihm in die Glieder. «Nur schnell weg von hier», dachte er, und schon hatte er sich davongemacht.

ten freien Platz. Der Jäger geht zum Ofen und danach in sein Bett.
Auf der Kinderharfe alle Töne auf und ab spielen. Mit einem kleinen weißen Seidentuch wehen.

Die Beleuchtung wird etwas heller. Den Hasen mit der rechten Hand umschließen und einmal in die Runde schauen lassen. Dann hoppelt er zur Tür und dem Wald zu.

Den Fuchs mit der Hand umschließen und einmal in die Runde schauen lassen. Er schleicht sich zur Tür hinaus in den Wald.

Nun räkelte sich auch der Bär. Er rieb sich die Augen und entdeckte an der Wand ein Gewehr. «Oh, ich bin ja in ein Jägerhaus eingekehrt!» Das wurde ihm doch ein bisschen unheimlich. Schnell verließ er auf leisen Sohlen die Holzhütte.

Kurz darauf blinzelte der Jäger ins Sonnenlicht, das schon zum Fenster hereinschien. Er schaute sich in der Stube um und stellte fest: «Ich bin ja ganz allein. Habe ich das alles nur geträumt?» Da stand er auf, zog sich an und ging vor die Tür. Im Schnee waren die Spuren von Hase, Fuchs und Bär zu sehen. Jetzt wusste er, dass sie alle zusammen die Nacht friedlich unter seinem Dach während des Schneesturms verbracht hatten.

Nach der Erzählung «Es klopft bei Wanja in der Nacht»

Den Bär mit der Hand umschließen und einmal in die Runde schauen lassen. Vorsichtig verlässt auch er das Haus.

Nun den Jäger etwas anheben. Er schaut auf alle Schlafplätze. Dann steht er auf und geht zur Tür. Während er nach den Spuren im Schnee schaut, die Figur leicht nach vorne beugen. Zum Schluss steht sie aufrecht und schaut zum Publikum.

Es schneit

Worte: Albert Sergel. 2. und 3. Strophe: Robert Reinick.
Weise: volkstümlich

Es schneit, es schneit in dich-tem Fall! Die Flo-cken wir-beln ü-ber-all,
und was da drau-ßen steht und geht, kriegt ein Müt-zchen auf-ge-weht,
hei-o, hei-o kriegt ein Müt-zchen auf-ge-weht.

2.
Wohin man schaut, nur Schnee und Eis,
der Himmel grau, die Erde weiß!
Hei, wie der Wind so lustig pfeift,
wie er in die Backen kneift,
heio, heio,
wie er in die Backen kneift!

3.
Ihr Stubenhocker, schämet euch!
Kommt nur heraus, tut es uns gleich!
Bei Wind und Schnee auf glatter Bahn
hebt erst recht der Jubel an,
heio, heio,
hebt erst recht der Jubel an!

Die Geschichte vom Fingerhütchen

Benötigte Figuren

- Fingerhütchen mit und ohne Buckel
- zwei Schwestern
- Mutter
- Großvater
- Elfenreigen und Elfenkönigin
- Berge
- Kühe und Schafe, Vögel

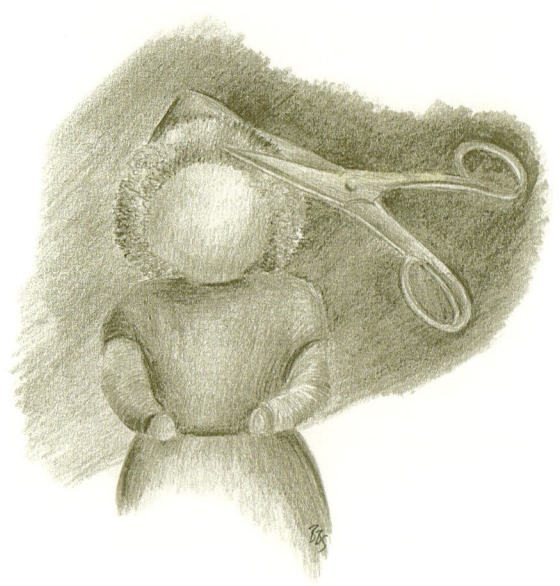

Fingerhütchen ohne Buckel

Material:
- weiße Schafwolle im Band oder in der Flocke
- Wolle in der Flocke in drei unterschiedlichen Brauntönen, zwei Grüntönen, beige, hellrot, dunkelrot und gelb
- Pfeifenputzer
- Nähzeug

Anleitung:
Ein ca. 20 cm langes Stück weiße Schafwolle im Band binden wir in der Mitte mit Zwirn ab. Unterhalb der abgebundenen Stelle legen wir eine kleine Wollkugel, umschließen sie und binden den Kopf ab. Danach stellen wir nach der vorgegebenen Abbildung den Drahtkorpus her. Es werden dafür vier Pfeifenputzer gebraucht, einer für die Arme, einer für Oberkörper und Bauch, zwei für die Beine mit Füßen bzw. Schuhen. Die Pfeifenputzer kürzen wir um ca. 2 cm.

Wir beginnen mit dem hauchdünnen Umwickeln der Arme mit weißer und dann mit gelber Wolle. Die Wolle wickeln wir flächig und in mehreren Schichten, bis wir die gewünschte Armdicke erreicht haben. Dann befestigen wir den Kopf am Rumpf, indem wir die Arme zwischen die beiden Wollstücke unterhalb des Kopfes legen und dann darunter fest abbinden. Die übrige Wolle wird eingeschlagen und bildet den Rumpf. Möglicherweise müssen wir etwas Wolle wegzupfen, damit die Figur nicht zu dick wird. Zuerst wickeln wir mit Nähgarn den Oberkörper fest (siehe Abbildung), dann wird dieser mit gelber Wolle in der Farbe des Pullovers von der Taille bis unter die Achseln umwickelt. Damit auch der Schulterbereich mit gelber Wolle bedeckt ist, müssen wir diagonal wickeln, d.h. von der rechten Achsel bis zur linken Schulter.

Danach wenden wir uns den Füßen bzw. Schuhen zu. Wir umwickeln zunächst den Pfeifenputzer an der «Schuhspitze» und dann den ganzen Schuh in Querrichtung (siehe Zeichnung S. 52) mit dunkelbrauner Wolle. Die Reste können am Bein hochgewickelt werden. So ist sichergestellt, dass der Schuh nicht wieder aufgeht.

Nun werden die Beine mit dunkelroter Wolle, der Farbe der Hose, umwickelt, wobei auch hier die Waden etwas dünner bleiben als die Oberschenkel. Auch Gesäß und Schritt umwickeln wir bis zum Pulloveransatz. Nun bekommt das Fingerhütchen einen Umhang. Dafür nehmen wir ein Stückchen grüne Wolle, bohren in die Mitte ein kleines Loch, stülpen die Wolle über den Kopf und binden in der Taille ab.

Zum Schluss gestalten wir Frisur und Kopfbedeckung. Für die Haare zupfen wir kleine Wollsträhnchen, legen sie Ende auf Ende und nähen Sie im Bruch am Kopf fest, wobei ein Haarkranz an Stirn und Nacken genügt. Für die Mütze legen wir ein kleines grünes Wollstück, ähnlich einem Stirnband, um den Kopf, sodass die Haare in Stirn und Nacken noch zu sehen sind. Mit kleinen, unsichtbaren Stichen befestigen wir das Band rund um den Kopf über dem Haarkranz. Die überstehende Wolle formen wir zu einer spitzen Kappe, indem wir alles in das Mützeninnere drücken und mit einer Naht vom Nacken bis zur Mützenspitze in unsichtbaren Stichen zusammennähen. Für diese Arbeit brauchen wir etwas Zeit und Geduld. Nun fehlt nur noch die Blume am Hut.

Fingerhüte

Die Hälfte eines Pfeifenputzers umwickeln wir fest, aber dünn mit grüner Wolle. Die Ende werden jeweils gut mit der Wolle abgedeckt. Durch eine Stopfnadel ziehen wir ein kleines rotes Wollfädchen und nähen kleine Schlaufen an den Pfeifenputzer. Das Fingerhütchen ohne Buckel bekommt einen Fingerhut an seine Kappe genäht.

Für den Waldrand fertigen wir weitere Fingerhüte, die ein wenig größer sein dürfen. Wir stecken sie in eine Holzscheibe, in die wir kleine Löcher bohren. Aus gefilzter grüner Wolle kann man noch Blätter ausschneiden und am Stiel festnähen.

Das Fingerhütchen mit Buckel benötigt eine Blume an einer langen Stopfnadel anstatt eines Pfeifenputzers, damit sie während des Spiels zur gegebenen Zeit an den Hut gesteckt werden kann.

Fingerhütchen mit Buckel

Für dieses Fingerhütchen kürzen wir die Pfeifenputzer um ein Drittel. Wir fertigen es genau wie oben beschrieben. Es hat jedoch eine braune Hose, einen beigen Pullover und einen moosgrünen Umhang. Bevor wir den Umhang in der Taille binden, legen wir auf den Rücken eine Wollkugel, die als Buckel sichtbar wird.

Zwei Schwestern

Nach der Anleitung «Kind» im Spiel «Die gefräßige Katze» (Seite 50) stellen wir zwei Kinder her.

Mutter

Material:
- weiße Wolle im Band
- Wolle im Band in zwei verschiedenen Blautönen, in einem warmen Rot und in Graubraun für die Haare
- Pfeifenputzer
- Nähzeug

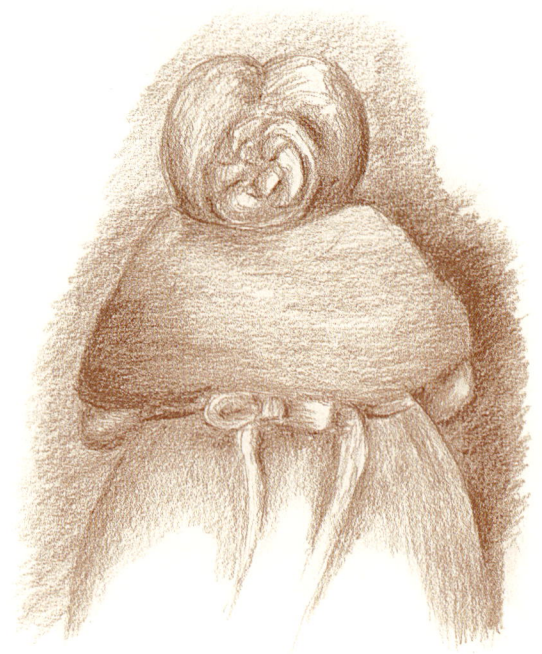

Anleitung:
Ein ca. 30 – 35 cm langes Stück weiße Schafwolle im Band binden wir in der Mitte mit Zwirn ab. Unterhalb der abgebundenen Stelle legen wir eine kleine Wollkugel, umschließen sie und binden den Kopf ab.

Als Unterbau biegen wir aus acht Pfeifenputzern einen Drahtkorpus (gemäß der Abbildung von S. 50) zur Stütze für die Wollpuppe. Wir benötigen einen Pfeifenputzer für die Arme, einen für den Oberkörper, zwei als Reifrock und vier, um den Oberkörper mit dem Reif zu verbinden.

Mit hauchdünnen Wollstückchen umwickeln wir als Erstes die Arme des Drahtunterbaus, wobei wir nicht in der Mitte, sondern an einem der Enden beginnen. Damit uns die gewickelte Wolle an den Enden nicht wieder herunterrutscht, biegen wir knapp 1 cm des Pfeifenputzers um und wickeln noch mal darüber, sodass sich die Hände ergeben.

Die Wolle halten wir zum Wickeln flächig und achten darauf, dass sie sich nicht zum Fädchen dreht. Deshalb wickeln wir in mehreren Schichten flächig, bis der Pfeifenputzer die Dicke hat, die wir für die Arme brauchen, wobei wir berücksichtigen, dass der Arm an Handgelenk und Unterarm dünner ist als am Oberarm. Zum Schluss umwickeln wir noch mit dem dunkleren Blau, um den Farbton für die Ärmel des Kleides zu haben.

Nun befestigen wir den Kopf am Rumpf, indem wir die Arme zwischen die beiden Wollstücke unterhalb des Kopfes legen und dann darunter und in der Taille fest abbinden. Die übrige Wolle wird als Unterrock über dem Drahtgestell verteilt und unten in das Innere der Puppe gesteckt.

Als Nächstes brauchen wir von der blauen Wolle ein ca. 30 cm langes Stück. In die Mitte des Wollteiles bohren wir mit dem Zeigefinger ein kleines Loch, sodass wir die Wolle über den Kopf stülpen können. Dabei achten wir darauf, dass der Kopf nur knapp durch das Loch passt und sich die Wolle nicht bis zum Ende aufspaltet. Die Wolle binden wir unterhalb der Arme in der Taille ab. Die restliche überstehende blaue Wolle wird als Rock über der hellen Wolle verteilt und unten eingeschlagen. Ein rotes Wollstreifchen wird der Mutter als Stola um die Schultern gelegt.

Für die Haare legen wir ein ca. 20 cm langes Stück graubrauner Wolle so über den Kopf, dass das Gesicht frei bleibt, und nähen mit Steppstichen einen Scheitel bis zum Hinterkopf. Wir flechten die Haare, die hinten über Nacken und Schultern liegen, zu einem Zopf zusammen, drehen ihn zu einer Schnecke und nähen ihn mit kleinen Stichen fest. Vorsichtig ziehen wir die noch losen Haare zu den Ohren hin und nähen sie mit kleinen Stichen am Kopf fest.

Großvater

Die Figur ist identisch mit dem «Mann mit der Axt» aus dem Spiel «Die gefräßige Katze» (siehe Seite 51).

Elfenreigen und Elfenkönigin

Material:
- weiße Wolle im Band (Neuseeländer)
- Goldkordel
- Birkenreisig
- Blumendraht
- Nähzeug

Anleitung:
Ein etwa 20 cm langes Stück weiße Schafwolle im Band in der Mitte abbinden, den Restfaden für später zum Aufhängen dranlassen. Unterhalb der abgebundenen Stelle legen wir evtl. noch eine kleine Wollkugel und binden den Kopf ab. Ein ca. 8 – 10 cm langes Stück weiße Schafwolle legen wir als Flügel zwischen die beiden Wollteile unterhalb des Kopfes. Darauf kommen die Arme. Diese gestalten wir aus einem ca. 8 cm langen, nicht zu dicken Wollteil, indem wir die Enden umbiegen und abbinden. Ist unser Wollstück länger geraten, müssen wir zum Abbinden der Händchen mehr einschlagen, damit die Armlänge zu den Proportionen der Elfe passt.

Nun binden wir unterhalb von Flügeln und Armen wieder ab. Das Kleid und die Flügel zupfen wir in Form, gegebenenfalls müssen wir sie auch kürzen. Die Flügel werden mit der Schere an der äußeren Kante gerade geschnitten und zwischen den angefeuchteten Fingerspitzen gerieben.

Haben wir sieben Elfen für den Reif fertig, beginnen wir mit dem Aufhängen. Als Reif nehmen wir ein bis zwei Birkenreiser, drücken und formen sie rund und umwickeln mit Blumendraht. Um den Reif während des Spiels halten zu können, binden wir an drei verschiedenen Stellen ca. 30 cm lange Fädchen, die wir am Ende miteinander verknoten. Die sieben Elfen verteilen wir gleichmäßig am Reif. Die Elfenkönigin erhält eine Krone aus Goldkordel; sie wird nicht am Reif befestigt.

Berge

Die Anleitung ist beschrieben im Spiel «Unter einem grünen Tännlein», S. 60.

Schaf

Material:
- weiße Schafwolle in der Flocke
- Pfeifenputzer
- Nähzeug

Anleitung

Aus Pfeifenputzern, die wir um ein Drittel gekürzt haben, biegen wir eine Schäfchenform nach unserer Abbildung: einen Pfeifenputzer für Kopf und Rumpf und je einen für zwei Beine. Wir beginnen mit weißer Wolle hauchdünn den Pfeifenputzer am Maul zu umwickeln und dann den Kopf selbst. Als Nächstes wickeln wir eine Schicht am Ende eines jeden Beines, biegen ca. 2 cm um, damit die Wolle nicht abrutschen kann, wickeln noch einmal darüber und gestalten danach das ganze Bein. Wir achten darauf, dass das Bein am Fuß dünner ist als am

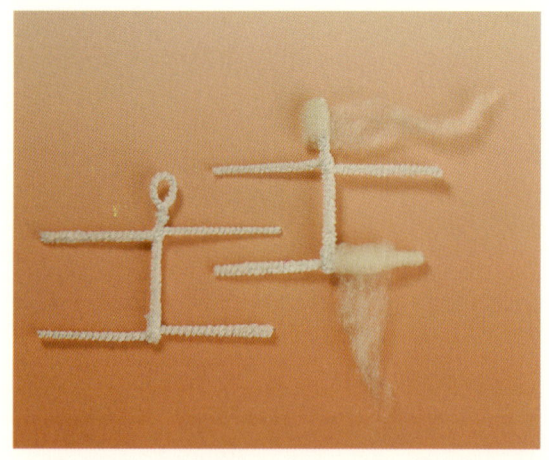

Schenkel und die Hinterbeine dicker als die Vorderbeine sind. Nun wickeln wir vom Kopf zum Hals und den ganzen Körper des Schäfchens. Für die Ohren und den Schwanz fädeln wir ein dünnes Stückchen Wolle durch eine Stopfnadel und ziehen es an den entsprechenden Stellen durch das Schäfchen. Die Enden schneiden wir mit der Schere in Form und drehen sie zwischen den angefeuchteten Fingerspitzen. Zum Schluss biegen wir das Schäfchen in eine möglichst naturgetreue Haltung.

Kühe

Eine Kuh wird nach der Anleitung des Schafes gearbeitet, nur größer. Sie erhält aus brauner Wolle hauchdünne «Flecken» auf den weißen

Körper, die Ohren sind etwas größer als beim Schaf, und aus einem braunen Faden werden die Hörner mit der Nadel eingezogen und zwischen den angefeuchteten Fingerspitzen in die Form gedreht.

Vögel

Die Beschreibung des Vogels ist bei der Geschichte «Vom schlafenden Apfel» zu finden (S. 65). Die Vögel für dieses Spiel werden kleiner gearbeitet, sie können als Vogelschwarm an einem Ästchen wie ein Mobile aufgehängt werden.

Bühnenaufbau

Für dieses Spiel benötigen wir eine Bühne von ca. 2 m Breite und 60 cm Tiefe. Vom Zuschauer aus gesehen auf der linken Seite steht aus Ast- oder Rindenstückchen ein Haus. Aus grasgrünen Tüchern werden Wiesen gestaltet, die das Haus umgeben. Im Hintergrund befinden sich Wiesenhügel und Berge, die durch grüne und blaugraue Tücher angedeutet werden. Etwa ein Drittel der Bühne wird für diese Szene benötigt. Ein weiteres Drittel der Bühne wird als Wald gestaltet. Es werden die Spielfläche mit moosgrünen Tüchern ausgelegt und mehrere Bäume aufgestellt. Der Hintergrund wird in Tannengrün oder in Grau gehalten, um einen Kontrast zu den Tannenbäumen zu bekommen. Am Waldrand steht ein weiteres Haus aus Ast- oder Baumstücken. Hier wohnt der Großvater.

Das letzte Drittel der Bühne wird zu einem Berg verwandelt. Dafür müssen wir eine leichte Erhebung schaffen, indem wir einen flachen Karton oder Bücher unterlegen. Die Kanten werden mit einem großen Stück Wolle in der Flocke oder mehreren Tüchern abgerundet. Darauf stellen wir einen offenen Schuhkarton oder eine Wurzel und schlagen ihn (bzw. sie) mit einem goldgelben Seidentuch für das Innere des Berges aus. Darauf legen wir Bergkristalle oder andere Edelsteine, die glänzen und glitzern, wenn sie angestrahlt werden. Dort sitzt die Elfenkönigin. Hinter dem Schuhkarton befestigen wir mit Schraubzwingen ein Stück Dachlatte mit Stäben, das den Karton oder die Wurzel vor dem Umfallen bewahrt. Darüber legen wir dann ein graues oder hellviolettes Tuch.

Am Fuße des Berges befinden sich Wiesen, das heißt, der Rest der Bühne wird mit grünen Tüchern ausgelegt. Dort stehen auf einer Weide evtl. Kühe und Schafe und ein Baum.

Vor Spielbeginn sitzt der Großvater auf einem Baumstumpf (Aststück), umgeben von Körben. Die Mutter und der bucklige Junge stehen vor ihrem Haus auf der linken Seite. Im Vordergrund befinden sich die zwei Schwestern. Elfenreigen und Vögel befinden sich hinter dem Elfenhügel. Sie sind an die Schraubzwinge gehängt.

Text zu «Die Geschichte vom Fingerhütchen»

Spielanleitung:

Weit von hier im Tal von Acherlow lebte einst ein Junge, der mit einem Buckel zur Welt gekommen war. In einem kleinen Haus wohnte er zusammen mit seiner Mutter und seinen beiden Schwestern. Er hatte ein gutes Herz, konnte aber nicht tanzen, hüpfen und springen wie die anderen, sondern immer nur zur Erde schauen. Deshalb wusste er auch viel über Kräuter und Heilpflanzen.

Eines Tages entdeckte er beim Sammeln eine besonders schöne Blume. Sie hatte viele kleine Elfenkäppchen und wurde Fingerhut genannt. Vorsichtig pflückte er eine einzige und steckte sie sich an seinen Hut. Als er nach Hause kam, lachten seine Schwestern und riefen ihn allezeit nur noch «Fingerhütchen».

Die Bühne ist voll beleuchtet. Mit der rechten Hand die Mutter, mit der linken den Jungen umschließen und vor dem Haus ein paar Schritte gehen, d.h. die Figur hin und her bewegen. Dann vor dem Haus wieder abstellen und die beiden Schwestern leicht hüpfend und tanzend bewegen.

Den Jungen mit der rechten Hand umschließen und in Richtung der Fingerhüte führen. Die linke Hand nimmt einen Fingerhut und steckt ihn an den Hut des Jungen, der dann mit der linken Hand zurück zum Haus geführt wird. Mit der rechten Hand die lachenden Schwestern leicht bewegen.

Beim Großvater, der am nahe gelegenen Waldrand wohnte, lernte Fingerhütchen das Körbeflechten. Er hatte geschickte Hände, war fleißig und arbeitete von früh bis spät. Während der Arbeit sang er oft ein Lied vor sich hin. Er hatte eine schöne Stimme. Zart und klar hörte sie sich an.

    Körbe flecht' ich hübsch und fein,
    von früh bis spät im Mondenschein.
    Immer wieder, hin und her,
    die Arbeit fällt mir gar nicht schwer.

Waren einige Körbe fertig, trug er sie in der ganzen Gegend umher und bot sie zum Verkauf an. Den Leuten gefielen seine geflochtenen Arbeiten, weshalb sie ihm auch einen Groschen mehr dafür bezahlten. So verdiente er sich sein Brot.

Mit der rechten Hand das Fingerhütchen zum Großvater führen und auf ein Aststück setzen. Der Großvater hält einen Korb zwischen seinen Händen, die auf und ab bewegt werden.

Auf der Harfe erklingt die Melodie.

Kör - be flecht ich hübsch und fein, von früh bis spät im Mon - den - schein.

Im - mer wie - der, hin und her, die Ar - beit fällt mir gar nicht schwer.

| Einmal trug es sich zu, dass er spät abends von der Stadt zurückkehrte. Alle Körbe waren verkauft, er fühlte sich rechtschaffen müde. Da setzte er sich an den Fuß eines großen Hügels, um ein wenig auszuruhen, denn er hatte noch einen langen Weg vor sich. Gerade war der Mond mit seinem silbernen Schein am Himmel aufgegangen. Auf einmal hörte er eine glockenhelle Musik. | *Das Fingerhütchen läuft über die Wiese vor dem Wald bis zum Fuße des Hügels. Dort setzt er sich hin (Beine etwas anwinkeln). Die Beleuchtung wird abgedimmt.* |

Im Mondenschein, zart und fein,
Im Mondenschein, zart und fein,

Im Mon - den - schein, zart und fein,

Melodie auf der Harfe begleiten.

Er lauschte aufmerksam und war ganz entzückt. Kaum wagte er zu atmen, um nur ja nicht einen einzigen Ton zu verpassen.	*Während des Sprechens Melodie II noch leise wiederholen.*
Der Gesang kam direkt aus dem Hügel. Er wiederholte sich dreimal und klang dann doch recht einerlei. Da stimmte Fingerhütchen behutsam in das Lied ein und führte es fort.	*Melodie wiederholen.*
... tanzen wir Elfen ein Ringelreih'n, tanzen wir Elfen im Hügel allein.	*Melodie auf der Harfe begleiten.*

Im Mon - den - schein, zart und fein, tan - zen wir El - fen ein

Rin - gel - reihn, tan - zen wir El - fen im Hü - gel al - lein.

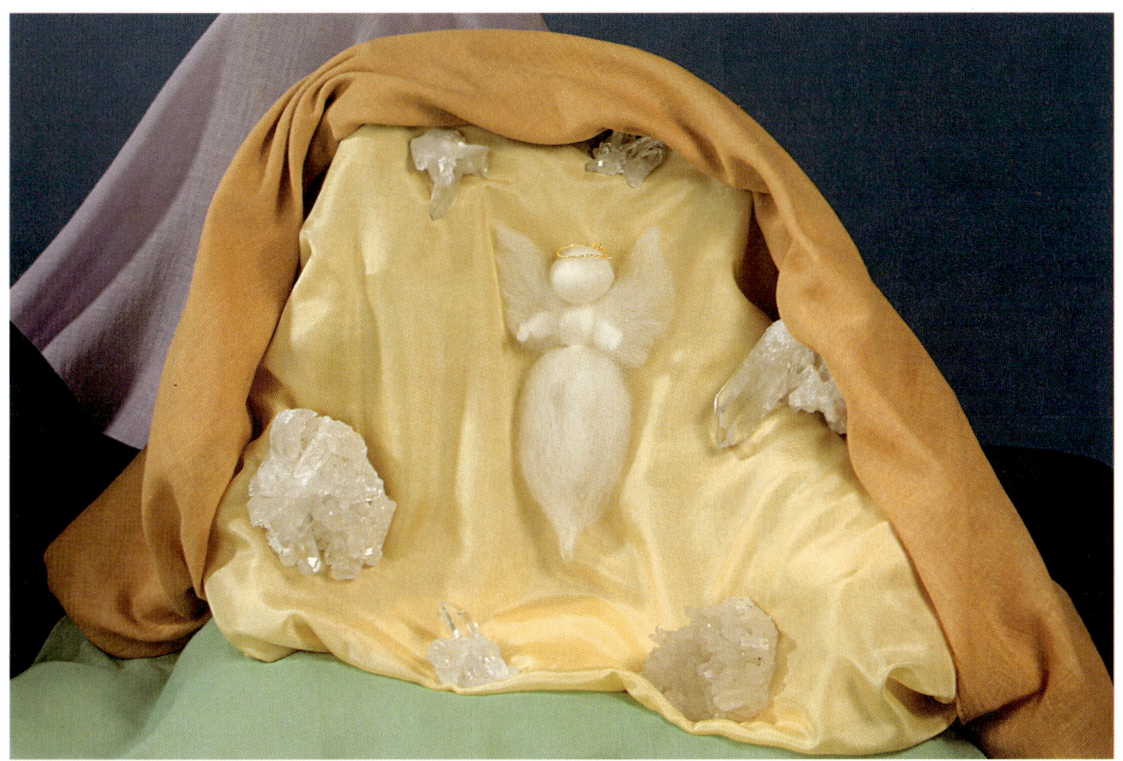

Der Elfenreigen schwebt hervor und bewegt sich auf das Fingerhütchen zu.

Als die Elfen diesen Gesang vernahmen, waren sie sehr begeistert davon. Im Schein des Mondes erschienen sie hinter dem Hügel und schwebten auf Fingerhütchen zu.

> Dieses hast du gut gemacht,
> Unser Lied zu End gedacht.
> Geh mit in den Elfenhügel,
> Dass die Kön'gin dich beflügel,
> Drum sei tapfer jetzt und munter,
> Komm, wir führen dich hinunter.

Die Elfen nahmen Fingerhütchen in ihre Mitte und rauschten mit ihm in den Elfenhügel. Welch eine Pracht empfing ihn dort. Edelsteine glitzerten und funkelten überall. Liebliche Musik war zu hören. Sofort kamen die Diener, die ihn mit den köstlichsten Speisen verwöhnten. Ein Empfang, wie er nur Kaisern und Königen zuteil wurde, hatte man ihm geboten. Da bemerkte Fingerhütchen, wie die Elfen mit ihrer Königin tuschelten. Es wurde ihm ein wenig bang, als die Elfen ihn wieder in ihre Mitte nahmen und zu ihm sprachen:

Vorsichtig wird das Tuch des Elfenhügels aufgeschlagen, sodass das Innere sichtbar wird. Die Elfen begleiten Fingerhütchen dorthin. Ein heller Strahler wird auf den Elfenhügel gerichtet. Zarte Töne auf der Harfe erklingen (Wiederholung der vorigen Melodien).

Elfenkönigin und Elfenreigen sind dicht beieinander, bevor Fingerhütchen vom Reigen wieder in die Mitte genommen wird.

Fingerhütchen, Fingerhut,
Jetzt geht es dir wieder gut.
Hast das Lied zu End gesungen
Und das hat so schön geklungen.
Drum Zauber herbei,
Vom Buckel sei frei!
Fingerhütchen, Fingerhut,
Jetzt geht es dir wieder gut.

Das bucklige Fingerhütchen wird gegen das mit den neuen Kleidern ausgetauscht.

Als die Worte gerade ausgesprochen waren, fühlte sich Fingerhütchen plötzlich so leicht und so frei. Er konnte sich bis zur Decke strecken, den Kopf in die Höhe heben und rings herum schauen. Alles sah jetzt noch glänzender aus. Fingerhütchen konnte es kaum glauben. Er war so überwältigt von dem Geschehen, dass es ihm richtig schwindelig wurde, und so fiel er in einen tiefen Schlaf.

Die Arme der Figur nach oben strecken und danach den Kopf bewegen.

Die Figur einmal nach rechts und einmal nach links drehen. – Das Fingerhütchen behutsam vor den Elfenhügel legen. Während die Elfen nochmals singen, umkreisen sie das Fingerhütchen. Dann verschwinden sie wieder hinter dem Elfenhügel.

Im Mon-den-schein, zart und fein, tan-zen wir El-fen ein
Rin-gel-reihn, tan-zen wir El-fen im Hü-gel al-lein.

Die Sonne stand schon hoch am Himmel, als Fingerhütchen erwachte. Er lag am Fuß des Elfenhügels. Die Vögel zwitscherten am Himmel. Um ihn herum weideten friedlich Kühe und Schafe. Fingerhütchen rieb sich fest die Augen.

Bevor Fingerhütchen erwacht, wird mit dem Tuch des Elfenhügels das Innere wieder bedeckt. Die Bühne ist jetzt hell beleuchtet. Ein Schwarm Vögel fliegt über Fingerhütchen hinweg.

Nachdem er sein Morgengebet gesprochen hatte, tastete er mit der Hand nach dem Buckel. Doch welche Freude, es war kein Traum, der Buckel war tatsächlich verschwunden. Aufrecht und von Kopf bis Fuß in neuen Kleidern stand er da. Vergnügt trat Fingerhütchen den restlichen Heimweg an. Er trällerte ein fröhliches Liedchen und sprang fast bei jedem Schritt in die Höhe. Ihm war gerade, als sei es in seinem ganzen Leben noch nie anders gewesen.

Die Leute erkannten ihn nicht mehr ohne seinen Buckel, weshalb er die Geschichte immer wieder erzählen musste: dem Großvater und den Schwestern – nur nicht der Mutter, denn eine Mutter erkennt ihr Kind auch in neuen Kleidern.

Nach einem irischen Elfenmärchen, übersetzt von den Brüdern Grimm, nacherzählt von Christel Dhom

Fingerhütchens Hände zum Beten zusammenhalten.
Fingerhütchen einmal im Kreise drehen, damit alle Zuschauer sehen, dass er keinen Buckel mehr hat. Hüpfend wird Fingerhütchen mit der linken Hand bewegt.

Beim Großvater und dann bei den Schwestern verweilt er kurz. Am Haus der Mutter bleibt er stehen.

Ich bin das ganze Jahr vergnügt

aus Bessarabien

2.
Und kommt die liebe Sommerzeit, wie hoch ist da mein Herz erfreut,
wenn ich vor meinem Acker steh und so viel tausend Ähren seh.

3.
Rückt endlich Erntezeit heran, dann muss die blanke Sense dran:
Dann zieh ich in das Feld hinaus und schneid und fahr die Frucht nach Haus.

4.
Im Herbst schau ich die Bäume an, seh Äpfel, Birnen, Pflaumen dran.
Und sind sie reif, so schüttl' ich sie. So lohnt Gott des Menschen Müh!

5.
Und kommt die kalte Winterszeit, dann ist mein Häuschen überschneit,
das ganze Feld ist kreideweiß und auf der Wiese nichts als Eis.

6.
So geht's jahraus, jahrein mit mir, ich danke meinem Gott dafür
und habe immer frohen Mut und denke: Gott macht alles gut.

Literatur

Anne-Grethe Dahms und Ulla Jaeger, *Motorik und Sprache*, Limburg 1978.

Das Häschen Schnuppernäschen und der böse Bock. Märchen und Gedichte für Kinder von 3 bis 5 Jahren, ausgewählt von Dagmar Fink, Stuttgart ³1999.

Christel Dhom, *Zauberhafte Märchenwolle. Anleitungen zum künstlerischen Gestalten von Mobiles und Spielfiguren*, Stuttgart ²1999.

Christel Dhom, *Unser Garten- und Naturbuch. Mit Kindern den Jahreslauf erleben – Anregungen für Eltern*, Stuttgart 2001.

Barbara Denjean-von Stryk, *Sprich, dass ich dich sehe. Die Sprache als Schulungsweg des Menschen in Kunst, Erziehung und Therapie*, Stuttgart 1996.

Hedwig Diestel, *Kindertag. Gedichte für Kinder*, Stuttgart ⁷1996.

Eins und Alles. Gedichte für Kindheit und Jugend, ausgewählt von Heinz Ritter, Stuttgart ¹⁰1998.

Ulrike Franke, *Artikulationstherapie bei Vorschulkindern*, München 1987.

Maximilian Fuehring et al., *Die Sprachfehler des Kindes und ihre Beseitigung*, Wien 1976.

Rose Götte, *Sprache und Spiel im Kindergarten*, Weinheim / Basel 1977.

Karl König, Georg von Arnim und Ursula Herberg, *Sprachverständnis und Sprachbehandlung*, Stuttgart ²1986.

Christiane Kutik, *Das Puppenspielbuch. Praktische Anleitungen und Geschichten*, Stuttgart ²1995.

Peter Lutzker, *Der Sprachsinn. Sprachwahrnehmung als Sinnesvorgang*, Stuttgart 1996.

Heinz Müller, *Von der heilenden Kraft des Wortes und der Rhythmen. Die Zeugnissprüche in der Erziehungskunst Rudolf Steiners*, Stuttgart ⁴1995.

Rainer Patzlaff, *Der gefrorene Blick. Physiologische Wirkungen des Fernsehens und die Entwicklung des Kindes*, Stuttgart ²2001.

Rainer Patzlaff, *Sprachzerfall und Aggression. Geistige Hintergründe der Gewalt und des Nationalismus*, Stuttgart 1994.

Rhythmen und Reime, Arbeitsmaterialien aus den Waldorfkindergärten, Bd. 6, Stuttgart ⁸2000.

Scheine, Sonne, scheine. Kinderverse und Gedichte für die ersten Schuljahre, gesammelt und hrsg. von Ernst Bühler und Margrit Lobek, Stuttgart ³1992.

Christa Slezak-Schindler, *Der Schulungsweg der Sprachgestaltung*, Dornach 1985.

Wolfgang Wendlandt, *Sprachstörungen im Kindesalter*, Stuttgart ²1995.

Johanna Zinke, *Luftlautformen sichtbar gemacht. Sprache als plastische Gestaltung der Luft,* hrsg. von Rainer Patzlaff, Stuttgart 2001.

Quellenangaben

Texte

Mieze, muze, Kätzchen (S. 21), aus: *Rhythmen und Reime*, Arbeitsmaterialien aus den Waldorfkindergärten, Bd. 6, Stuttgart [8]2000, S. 25.

Guten Tag, Frau Nebenmann (S. 22), aus: Paul Maar / Knister, *Frühling, Spiele, Herbst & Lieder*, Hamburg 1999.

Leise gehet, leise wehet (S. 24), aus: *Rhythmen und Reime*, Arbeitsmaterialien aus den Waldorfkindergärten, Bd. 6, Stuttgart [8]2000, S. 12.

In meinem Stall (S. 24), aus: *Rhythmen und Reime*, Arbeitsmaterialien aus den Waldorfkindergärten, Bd. 6, Stuttgart [8]2000, S. 27.

Kleines Vöglein (S. 24), aus: *Rhythmen und Reime*, Arbeitsmaterialien aus den Waldorfkindergärten, Bd. 6, Stuttgart [8]2000, S. 14.

Wolle, Wolle wickeln (S. 25), aus: *Rhythmen und Reime*, Arbeitsmaterialien aus den Waldorfkindergärten, Bd. 6, Stuttgart [8]2000, S. 47.

Ditsche, datsche, daus (S. 25), aus: *Rhythmen und Reime*, Arbeitsmaterialien aus den Waldorfkindergärten, Bd. 6, Stuttgart [8]2000, S. 46.

Zwei Vöglein schlafen im Nest (S. 26), aus: *Rhythmen und Reime*, Arbeitsmaterialien aus den Waldorfkindergärten, Bd. 6, Stuttgart [8]2000, S. 25.

Kommt ein kleiner Mann daher (S. 27), aus: *Rhythmen und Reime*, Arbeitsmaterialien aus den Waldorfkindergärten, Bd. 6, Stuttgart [8]2000, S: 17.

Steigt das Büblein (S. 27), aus: *Rhythmen und Reime*, Arbeitsmaterialen aus den Waldorfkindergärten, Bd. 6, Stuttgart [8]2000, S. 55.

Schnecke und Häschen (S. 43 ff.), aus: *Rhythmen und Reime*, Arbeitsmaterialen aus den Waldorfkindergärten, Bd. 6, Stuttgart [8]2000, S. 35.

Das Schnecklein und der Fuchs (S. 47 f.), aus: *Das Häschen Schnuppernäschen und der böse Bock. Märchen und Gedichte für Kinder von 3 bis 5 Jahren*, ausgewählt von Dagmar Fink, Stuttgart [3]1999, S. 100 f.

Unter einem grünen Tännlein (S. 61 f.), aus: *Das Häschen Schnuppernäschen und der böse Bock. Märchen und Gedichte für Kinder von 3 bis 5 Jahren*, ausgewählt von Dagmar Fink, Stuttgart [3]1999, S. 102.

Vom schlafenden Apfel (S. 66 f.), aus: *Eins und Alles. Gedichte für Kindheit und Jugend,* ausgewählt von Heinz Ritter, Stuttgart [10]1998, S. 213 f.

Fotos

S. 8, 11, 17, 18, 20, 26, 32, 39: Christel Dhom.
S. 10, 13, 14, 19, 29: Lutz Zebner.
S. 24: Annette Veen.
Alle anderen Fotos sind im Atelier Wolpert & Strehle, Stuttgart, entstanden.

Bezugsquellen

Märchenwolle

Seehawer & Siebert
Naturfasern
Heuberger Hof 1
72108 Rottenburg

Majo´s Wollknoll
Forsthausstraße 7
74420 Oberrot-Neuhausen

Baumwolltücher

De Wullstuuv
Kronsburger Redder 18
24796 Bredenbek

Instrumente

Karl-Schubert-Werkstätten e.V.,
Kurze Straße 31, 70794 Filderstadt

Werkstätten der Christian-Morgenstern-
Schule, Wittensteinstraße 76, 42285 Wuppertal

Christiane Kutik
Das Puppenspielbuch

Praktische Anleitungen und Geschichten
109 Seiten, mit 42 farbigen und 39 schwarz-weißen Abbildungen, gebunden

Christiane Kutiks neues Buch gibt anhand zahlreicher farbiger Abbildungen Anregungen für das Puppenspiel mit kleinen Kindern.
  Die Kinder lernen durch das Spiel mit den sogenannten Stehpuppen das selbstständige kreative Spiel kennen, denn auch Spielen will gelernt sein. Überdies enthält das Buch zahlreiche neue Märchen und Geschichten, die für das Puppenspiel geeignet sind.

«Anhand zahlreicher farbiger Abbildungen wird vorgeführt, wie man mit ganz einfachen Mitteln aus farbiger Wolle zum Beispiel oder mit gefärbten Spieltüchern Puppen gestaltet.
  Wenig ist oft mehr. Die Aufmerksamkeit von Kindern läßt sich gerade in dem Alter von ganz einfachen Dingen fesseln. Und oft muß man ganz einfach improvisieren. Deshalb geht das Buch von Stehgreifsituationen aus, die ohne großen Aufwand gestaltet werden können.»
Westdeutsche Allgemeine Zeitung

Verlag Freies Geistesleben

Christel Dhom

Unser Garten- und Naturbuch

Mit Kindern den Jahreslauf erleben. Anregungen für Eltern

136 Seiten, mit zahlreichen farbigen Abbildungen, gebunden

Unser Garten- und Naturbuch enthält eine Fülle von Anregungen, wie man zusammen mit Kindern die Natur wahrnehmen und erleben kann. Für jeden Monat hat Christel Dhom charakteristische Verse und Geschichten, Lieder und Rätsel, Bastelanleitungen und Kochrezepte zusammengestellt. Darüber hinaus bietet das Buch für jede Jahreszeit bewährte Vorschläge und Beobachtungshinweise. – Ein Natur-Erlebnisbuch, das alle Sinne der Kinder anspricht.

Verlag Freies Geistesleben

Christiane Kutik
Das Jahreszeitenbuch
Anregungen zum Spielen, Basteln und Erzählen – Gedichte, Lieder und Rezepte zum Jahreslauf. 320 Seiten, durchgehend illustriert von Eva-Maria Ott-Heidmann, gebunden.

Christiane Kutik
Das Kinderfestebuch
Anregungen, Spiele, Lieder und Rezepte zur Gestaltung von Kinder- und Geburtstagsfesten. 280 Seiten, durchgehend illustriert von Stephanie Wagner, gebunden.

Das Jahreszeitenbuch zeigt in Form eines echten «Hausbuches», wie der Jahreskreislauf, mit den Kindern gemeinsam erlebt, zum Spielen, Singen, Erzählen, Basteln und Backen anregt. Daraus kann dann auch ein sinnvolles Gestalten der Jahresfeste entwickelt werden.

«Das neue, große Jahreszeitenbuch ist vergleichbar mit einem wunderbaren Schatzkästlein. Wo immer man es aufschlägt, finden sich Kostbarkeiten, jedoch nicht wahllos und kunterbunt, sondern bei aller Lebendigkeit folgerichtig in den Jahreskreis und seine Festeszeiten eingeordnet.»

Die Brücke

Kinder freuen sich auf ein angekündigtes Fest – Erwachsenen jedoch kann der Gedanke daran so einiges Kopfzerbrechen bereiten, denn nun ist die Frage: Feiert man im kleinen Kreis oder in großer Runde? Wie lässt sich ein Fest planen? Welche Spiele eignen sich? Wie lässt sich ein Programm so gestalten, dass man am Ende des Festes noch genügend Luft für einen gelungenen Abschluss hat?

«Dieses Buch ist eine wahre Fundgrube für alle Eltern und Erzieher, die Kindergeburtstage und Feste mit Kindern feiern möchten. Die vielen humorvollen und praktischen Illustrationen und die überschaubaren Texte machen das Blättern darin zum Genuss.»

Peter Singer, Freie Waldorfschule Heidenheim